被中國拘禁的2279日

親中派日本人被當成間諜
被逮捕、監視居住、審訊、監禁……的親身見證

鈴木英司——著　張資敏——譯

中国拘束2279日
スパイにされた親中派日本人の記録

台灣版特別序——

爲了守護台灣的自由及民主主義

拙作《被中國拘禁的2279日：親中派日本人被當成間諜，被逮捕、監視居住、審訊、監禁……的親身見證》這次得以在台灣翻譯出版，我感到十分光榮，也相當高興。

本書記述了我在6年3個月期間裡，遭到中國當局不當監禁的實際情況——從24小時監視下渡過的7個月監禁生活，到偵訊、逮捕、審理、入獄的過程。也提及了中國現在正在推行的「習近平法治思想」究竟有多麼危險，還有現今只要中國當局認定卽可限制人身自由，並判處監禁或死刑，未來還是會持續出現受害者等實際情形，以及詳細描述中國完全無法套用國際標準的人權現況。

2023年7月1日，習近平政權實施「反間諜法」修正案，除了堅持共產黨一黨獨裁以外，爲了斷絕外國的自由主義思想，澈底監視蒐集中國情報的外國人，中共以「守護國家安全」爲由，以後舉報及監禁的例子應該會變得更多吧。

２０２０年６月末，中國全國人民代表大會上制訂了可以取締反中言行的「香港國家安全法」，並即日開始實施。認定「分裂國家」、「顛覆國家政權」、「恐怖活動」、「勾結外國或者境外勢力危害國家安全」等四類犯罪行爲，最重可以處以無期徒刑。至此「一國兩制」已經完全崩壞。實施本法違反了１９８４年的「中英聯合聲明」，對於誇耀自身強大軍事力及經濟力，同時又公然違反國際公約的中國的蠻橫，我們作爲國際社會的一員，不應坐視這樣的事情發生。

習近平主席在任期內想要統一台灣，繼毛澤東、鄧小平之後，在共產黨史中留下名聲，並擁有掌握國家中樞權力的野心。另一方面，台灣的人們以長年受到來自中國壓力的香港爲借鑑，抱持透過民主運動贏得自由的強大自信。即使受到來自中國強權的壓力，也努力守護民主主義發展至今。我深信台灣的人們，今後也會爲了守護以人類尊嚴爲核心的人權、自由及民主主義而持續奮鬥。如果本書能帶來一些幫助，是我的榮幸。

最後，在此對翻譯並出版本書盡最大心力的晨星出版社，以及辛勞付出擔任仲介的每日新聞出版社，由衷致上感謝。

2023年10月

自中國監禁解放後經過一年的 **鈴木英司**

矢板明夫　序

矢板明夫

本書的作者鈴木英司是我的朋友。2016年7月，他在北京被捕時，我是產經新聞派駐北京的記者。很早就聽說他被中國的安全部門帶走，但這條消息，有很長一段時間我不敢報導。

因爲我知道，這種事情一旦被媒體披露出來，就沒有迴旋的餘地了。我非常希望他只是被中國當局帶去問話，過不久就能夠出來。但是，事與願違。他還是被北京市國家安全局以「間諜罪」的名義逮捕，在招待所被「監視居住」了7個月以後被起訴。後來，在法庭上被判處有期徒刑6年。被關押到2022年刑滿釋放，才得以回到日本。

鈴木畢業於日本的法政大學。在大學時代受左派思潮的影響，年輕時就熱衷於勞工運動，並加入了當時的最大在野黨——日本社會黨。擔任過黨首土井多賀子的秘書，在日本政界，有一定的影響力。

鈴木從１９８０年代起，就積極推動日中友好，從１９９０年代起，開始在社會黨內負責日中交流，並組建了民間的日中友好團體「日中青年交流協會」，並擔任理事長。他曾訪問過中國上百次。經常帶領日本年輕人到中國內地的沙漠附近去植樹，並在日本募款，幫助中國貧困地區的青少年求學。爲了推動日中友好，做了很多事情。後來他還到北京長住，在北京的多所大學擔任過客座教授，是一個不折不扣的「親中派」人士。

我和鈴木是在90年代末，在北京開學術研討會的時候認識的。因爲我們兩個對日中關係的看法很不一樣，所以每次在一聊天就開始辯論。我批評中國共產黨，他有時會提出不同意見。他的主張基本上和中共官媒差不多，我笑他是「中共在日本的代言人」，他也不介意。

所以，當他在２０１６年7月被捕時，在北京和他有過交流的，當時在北京幾乎所有的日本記者都不相信，大家都認爲「絕對不可能！」因爲，大家都知道鈴木是一個堅定的左派在野黨人士，幾乎天天都在讚揚中國、批評日本。怎麼會是日本間諜呢？連我們都這麼吃驚，可以想見對他本人來說，一定有如晴天霹靂。

鈴木後來接受日本媒體時說：被逮捕後最辛苦的是被「監視居住」的7個月。不能見律師、不能見家人、不能看電視和書本報刊。二十四小時有人在旁監視，睡覺不能關燈。除了被提審的時間以外，只能一個人默默地坐在床前，也不被允許發出聲。只能在心裡默默地一遍又一遍唱著自己喜歡的石川小百合的「天城越」和「津輕海峽冬景色」。他說，他就是靠這兩首歌的歌詞鼓勵自己、撐過這7個月的。

最痛苦的，是所有的窗簾都被關上，完全見不到太陽。在7個月之中，他只有一次被允許到陽台上曬了15分鐘的太陽。還是在他苦苦哀求下才爭取到的。他說，自己也完全沒有想到，當坐到太陽下時，竟然淚流滿面。

鈴木認爲，中國抓他的時候，應該也沒有什麼確鑿的證據。後來，他被起訴的理由非常荒謬。只是說他「在和中國朋友聊天時提到了，被北韓的最高領導人金正恩處決的姑丈張成澤一事」。當時全世界的媒體都在報導，根本就不是什麼「中國的國家機密」。後來聽說，可能是鈴木和一些共青團派的幹部走得太近，不小心捲入了中共內部的權力鬥爭。他們抓鈴木，是爲了從他口中套出對某些共青團幹部不利的證詞。

這幾年中國一直非常熱心抓「日本間諜」。我在北京的時候，大概就有10個人左右被捕，後來都判了刑。他們之中，有像鈴木這樣的所謂「日中友好人士」；也有攝影愛好者，在海邊拍到了一些軍艦、潛水艇；還有受中國企業委託去探勘溫泉的技術人員，用設備不小心看到了地下的軍事設施；也有日本學者，在地攤上買了幾本被中共稱爲「內部資料」的歷史文獻。在民主國家、這些都根本不是問題，但是在中國都會被以間諜罪重判。

日本二戰之後，就廢除了間諜法和反間諜法等法律，也沒有培訓在國外從事間諜活動的人員，更沒有編列有關預算。日本有和平憲法，對中國沒有領土野心。對日本企業來說，中國也沒有什麼技術可偷。這些所謂的「日本間諜」，和滲透進日本國會及各大企業的那些「中國間諜」比起來，根本不值得一提。

我曾在北京採訪過一位被定罪爲日本間諜的76歲的老先生，去年在獄中去世了。他曾經是一個徹頭徹尾的親中派。早年在航空公司工作，好幾條中日之間的航線就是他主導開通的。晚年，他成立了一個中日技術人才交流的團體，把很多日本的退休工程師請到中國傳授技術，受到了中國各地方政府的歡迎。

但是，和他有密切關係的中共官員，基本上都是溫家寶系統的人。後來，習近平派爲了打壓溫派，就把他以逃稅的名義抓起來，後又轉成間諜。聽說，主要是想從他嘴裡掏出一些溫派官員的貪腐證據。他就這樣稀裏糊塗地成了間諜，被判刑12年。關押後幾年身體不好，太太和日本政府想幫他辦保外就醫，還被中方拒絕。

今年3月，我的另外一位朋友，一位在北京住了20年以上的日本製藥廠高管，也在北京被以「間諜罪」逮捕，後來被正式刑事拘留、起訴。這位高管到底進行了什麼樣的「間諜活動」？中方至今沒有任何說明。

前不久，以「洩漏國家機密罪」被中國政府關押了三年的澳洲籍華裔記者成蕾，獲釋返國。她在接受澳媒訪問時披露，被拘留的原因是，違反限時發佈的禁令，在正式報導幾分鐘前分享了一則政府簡報。

這種情況在媒體業界爲了搶新聞，偶爾會出現。一般會被抗議；有的時候會被處罰一個月或更長的一段時間，不讓提前拿到政府簡報。但是，像成蕾這樣，被抓起來關3年，絕對是反應過度。成蕾被捕時，正好趕上澳洲政府在新冠疫情問題上批評中國，外界一般認爲，她的被捕是對澳洲的一種政治報復。

中國這幾年抓了很多境外人士。幾年前，加拿大政府扣押了華爲創辦人任正非的女兒孟晚舟。中國就以「涉嫌從事危害中國國家安全的活動」爲理由，在中國抓了兩名加拿大公民。

我的另一位好朋友，八旗文化出版社的總編輯富察，也是今年3月在上海被帶走。富察是我3年前來到台灣之後最早結識的朋友之一。我有好幾本書的中文版，都是由他經手出版的。他知識淵博、談吐風趣，是我的良師益友。在他的用心經營之下，八旗出版了很多歷史和國際關係方面優質的中文書籍。

日本安倍晉三前首相去世之後，八旗緊急出版的《安倍晉三大戰略》是一部全面闡述安倍戰略思想的好書；今年二月出版的《新疆——被中共支配的七十年》塡補了中文書籍中，對新疆問題論述不足的空白。

自從香港的言論自由被中共全面打壓，香港的出版業全面塌方之後，由富察主導的八旗出版社可以說是中文出版界裡一面捍衛言論自由的旗幟，一直替很多流亡海外的自由派發聲。

但可能就是因爲這種做法，觸犯了中共的玻璃心。中華人民共和國憲法第三十五條明文規定「公民享有言論、出版的自由」，富察的行爲並沒有觸犯中國的法律。況且，富察的出版活動是在中國政府的治權管轄不到的台灣進行的。按照今天的國際常識，中國當局是沒有任何正當理由羈押富察的。

習近平曾經在公開場合上說過：「對中國共產黨而言，要容得下尖銳批評，做到有則改之、無則加勉。」富察的被捕，再次證明了以習近平爲首的共產黨人說話不算數。

富察曾經在上海的出版社工作過，事業上相當成功。但是，他後來選擇了來台灣，因爲台灣有出版、言論自由，還有他喜歡的空氣和家人。

富察回中國，是在取得中華民國國籍之後，按照規定，爲了放棄中國國籍，而不得不回去的。但是，卻讓他因此失去了自由。中共可能是想透過秘密羈押富察，試圖達到寒蟬效果，讓自由派從此不敢發聲。富察的被捕，說明中共已經把它的髒手伸進了台灣的言論自由、出版自由的領域。台灣社會應該團結起來，一致譴責中共的無法無天、堅決捍衛台灣的主權和自由。

現在，中國國內以間諜罪在服刑的台灣人，至少幾十個，也有一說，說有100人以上。大部分是台商，也有一些藍營的學者，綠營的好像只有李明哲。他們和那些所謂的日本間諜一樣，基本上都是冤枉的。今後，日本和台灣在營救被捕國人的問題上，也有很多的合作空間。

最近中國共產黨到處抓人。我的很多朋友、故交紛紛入獄，心情非常沈重。曾經聽過一句老話，「上帝要他滅亡，必先使他瘋狂」。中共在習近平的統治下，似乎已經進入了一種類似瘋狂的模式。三年多前我剛到台灣的時候，因爲經常在媒體上批評中共，遇到很多人問我說：「你還能去中國嗎？」現在，則經常有台灣人問我：「我能去中國嗎？」中國已經變成了一個充滿風險的地方。

我很高興見到鈴木把自己在監獄中的經歷寫出來，希望他的這本書，有助於讓大家更加看清楚中國的眞相。

西元2023年12月1日

從鈴木先生的遭遇認識到中國政府的本質

李明哲

我是李明哲，在2017年因爲「顚覆國家政權」被中國政府判刑五年，在2022年4月刑滿回台灣。

從中國政府給我案子的判決書（雖然我並不承認這份判決書的法律效力）來看，我所有被中國政府認爲的「罪行」，就是我在網路上傳遞民主化的訊息給我的中國朋友，以及和他們討論民主人權等普世價值觀。這樣的行爲在所有民主社會都再普通不過，竟然被中國政府視爲「顚覆國家政權」，中國政府甚至把網路上的聊天群當成我著手實行顚覆國家政權的「組織」，這是何等荒謬！

更別說我發表這些網路言論的地方都在台灣，台灣人也不是中華人民共和國公民。在台灣人身上強加一個只適用於中國本國人的『顚覆國家政權』罪名，這是把自己國家主權無限擴張、侵犯台灣國家主權的行徑。

中國政府給我的罪名雖然荒謬，但說到底，我最少是眞實批判中國政府。一個獨裁政府打壓言論自由並不令人意外，更何況我過去也常常捐助中國政治犯或者是政治犯家屬。我不是「受害者」，我只是一個反對專制的人罷了。

而鈴木先生過去是一個對中國政府非常友善的日本人。他只是和熟識的中國官員討論朝鮮張成澤被處死的消息（這件事情日本媒體早已經鋪天蓋地的報導了），就被當成「間諜罪」，則徹頭徹尾是一個「冤案」了，審訊鈴木先生的中國國安人員甚至表示：「只要中國國營的新華社沒有報導，就是違法的。」這樣荒謬的審判更表明：中國政府逮捕人完全是政治操作。

2017年12月28日之後，我被囚禁在中國湖南省赤山監獄，中國監獄的強迫勞動不但不符合世界人權標準，更違反中國政府自己制定的法律。當我依照中國法令去和監獄警官要求「依法行政」時，得到的答案是：「監獄是管理者，犯人是被管理者，就算我講得有道理也不能聽我的。」這就是中國政府的心態，法律是用來管理人民的，而有權力的管理者本身並不被法律約束。在一黨專政行政權凌駕一切的情形下，中國黨政機構可以肆意解釋法律，甚至把不合法的事情解釋爲合法。中國的法律制定不是爲了保障人民權益，只是爲了保障執政者的意志而已。這樣的思維模式對內就是獨裁奴役中國人的基本人權，對外就是霸權破壞國際規則秩序。

而中國政府這些年用「間諜罪名」抓捕了不少外國人（也有台灣人），比如爲了換回孟晚舟而抓捕了兩名加拿大公民。還有前陣子被釋放的澳洲公民成蕾，難道不是中國爲了操作中澳關係的「代罪羔羊」嗎？這些都是中國政府爲了滿足自己私慾，肆意破壞國際規則的「鐵證」。

近幾年，中國意圖擴張自己的意識形態，破壞國際規則的做法不勝枚舉，中國政府在２０１６年通過「境外ＮＧＯ管理辦法」，意圖將全球化的世界公民也納入其統治之中，服從其思想模式和規範。總部位於西班牙馬德里的人權組織「保護衛士」（Safeguard Defenders）去年９月揭露中國在21國共25座城市祕密設置首批30個海外警察站。到了12月，中國在各國設立的這類機構已增至１００多個。這些海外警察負責威脅海外反對中國獨裁的華人群體。而在加拿大或澳洲的例子中，更看到中國如何運用海外僑民團體介入所在國家選舉，甚至威脅外國反對中國獨裁統治的政治人物。國際人權組織「自由之家」（Freedom House）在2020年提出的報告，列舉中國自2017年以來，透過外交官、官媒、紅色資本、滲透等等策略，強力重塑國際媒體對中國的敘事方式，藉此美化中國的形象，向世界輸出其意識形態價值。

中國政府破壞香港「一國兩制」、在外國設立「海外警察」，肆意破壞國際秩序。而將台灣海峽說成中國的內海，意圖武力侵略台灣，更是公然挑戰國際海洋法公約。這些「對內打壓人權，對外侵犯國際規則」的行爲都是因爲中國政府對人權以及法治的蔑視。和俄羅斯侵略烏克蘭一樣，都是中國意圖輸出其違反人權和自由民主價值，威脅世界和平的具體展現。而鈴木先生，只是這種擴張主義作爲下的受害者罷了。

在這種擴張主義的思維下，中國政府不可能容忍任何人不服從自己的意志，不管是台灣或是其他國家。所以西方國家和中國關係變差時，他就用「間諜罪」逮捕西方各國人士做爲威脅。台灣不接受「一國兩制」，逮捕台灣人也成了中國政府對外宣示台灣人就是中國人的方法。對中國政府而言，除非台灣接受「一國兩制」，否則永遠不會有眞正的和平。事實上可以說：「一個不受中國控制，民主的台灣存在對中國而言就是一種挑釁。」如果還有人認爲可以透過退讓換取中國政府的善意，那無異於緣木求魚。鈴木先生過去對中國政府有非常大的善意。不斷推動日中友善交流，但一樣成爲中國政府的階下囚。

台灣過去經歷過獨裁統治，但在台灣人民的努力下，我們實現了民主化，也成就了傲視世界的自由民主發展。台灣人既然已經努力讓自己成爲人，就不可能接受中國的壓迫，重新爲奴。

我希望國人可以從鈴木先生的遭遇認識到中國政府的本質，我想這就是這本書中文版在台灣出版，對台灣最大的幫助了。

西元2023年11月28日

李明哲

受害者的表達至關重要

李孟居

親自去見鈴木英司先生是我很久以來的願望，因爲我們有共同的經歷——被中國共產黨政府無端指控爲「間諜」並且關押，也希望把自己的經歷寫成書，以警示其他人愼重思考前往中國旅遊、經商的風險。我的回憶錄還在撰寫，而鈴木先生的回憶錄已經付梓出版了。

長期以來在中國工作的外國人奉行一條準則：只要不反對共產黨，不談論諸如「8964、西藏、新疆、臺灣」等敏感問題，就可以很安全地工作及旅遊。然而自習近平擔任中國國家主席以來，這種默契逐漸被打破。外國人動輒得咎，任何正常甚至是不經意的行爲都有可能被視爲間諜。

鈴木先生被關押，可能與他交往的官員捲入政治鬥爭有關，他在飯局上隨口打聽的一句政治八卦，成了「刺探中朝外交機密」的「罪證」。而我在深圳過境24小時在海關隨機被逮捕，則是因爲把幾張博方文創公司蔡建郎主動授權的「香港加油」卡片放在背包裡——當時的香港還沒有國安法，在一國兩制的香港，無論是集會遊行還是發送海報都是合法的；後來國安員警在我手機裡看到我在深圳CBD五星級旅館吃早餐時無意間拍攝到的、中共武警車輛在戶外停車場集結的照片，並予以羅織入罪，但我拍攝的畫面明明就是公開場景，且當時有許多媒體、市民都拍攝了同樣題材並且更清楚的照片。這些相片不但出現在多家外媒的頭條新聞，連中國央視、人民網等媒體也有顯著報導及直播畫面。結果到了我手機裡面竟然變成了「國家秘密」。更甚者，中共國安機關還利用其黨媒大肆抹黑、虛假宣傳，連維基百科內容都是其編輯團隊造假出來，並利用演算法特性變得難以更改，欲更動者還會被封號。這也說明了中共近年來的認知作戰、虛假訊息，是有組織、有計畫的行爲，外界一定不可不防。

我和鈴木先生都經歷過恐怖的「指定居所監視居住」，這是中國臭名昭彰的強迫失蹤制度，主要用於關押國內外政治犯，24小時被員警和監視器監控，在完全與世隔絕的情況下（不能會見律師和家人，不能看電視和書籍報刊），進行高強度審訊，受害者包括我們這類無端被指控爲間諜的外國人和臺灣人，也包括被指控顚覆國家政權、煽動顚覆國家政權的中國國內民主人士。

鈴木先生回憶，被指定居所監視居住的7個月裡，白天見不到陽光，晚上睡覺時不能熄燈，除了提審時不被允許說話，只能在心裡默默地唱自己最喜歡的歌《天城越》和《津輕海峽冬景色》，靠這兩首歌撐過最難熬的7個月。我被指定居所監視居住的兩個多月，同樣也是通過哼唱《亞細亞的孤兒》、《美麗島》等臺灣歌曲鼓勵自己。我想支撐我們堅持下去的信念，就是我們不能成爲被無聲無息、被人遺忘的受害者，我們要活著走出共產黨的監獄，回到我們熱愛的故鄉，自由的土地，把這一切講給故鄉的人們聽。

近年來中共頻繁通過人質外交，要脅加拿大、英國、澳大利亞、日本、台灣等民主國家，達成政治目的，也通過各種威脅、恐嚇甚至綁架等各種行爲，對定居海外的異議人士進行跨國鎭壓。作爲生活在民主國家，習慣了表達自由、新聞自由的公民，我們應該謹愼評估前往中國的風險；同時我們應該聯合起來抵制共產黨專制政權的人質外交、跨國鎮壓等惡行，以阻止專制不斷擴張侵犯更多民主國家人民的自由。

因此我們這些受害者的表達至關重要。對我們個人而言，講述是打破恐懼、療癒創傷最好的方式；我們也衷心希望民主國家的公民和政治家能夠看到我們所講述的一切。如果我們的經歷能夠啟發更多人思考如何捍衛民主、遏制獨裁，並轉化爲行動，親自選擇我們要生活在怎樣的世界、下一代需要怎樣的生活方式，那麼我們所經歷的苦難才沒有白費。

李孟居

目錄

第三章 瀰漫中國社會腐敗的監獄生活

第四章　日本政府如何採取行動

第五章　日中關係何去何從

序幕

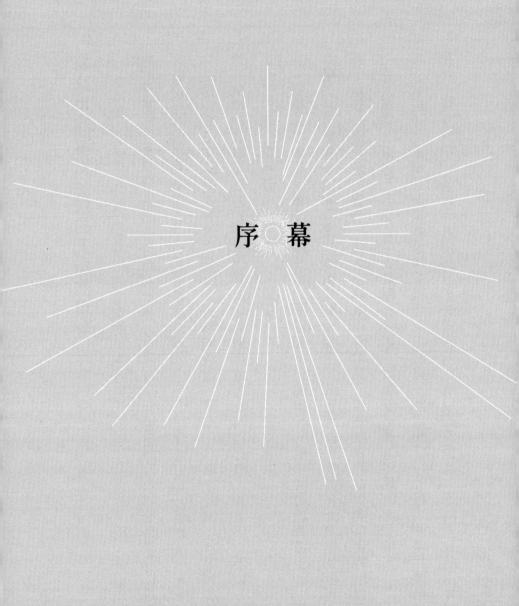

北京市國家安全局的人突然現身

２０１６年７月15日。我在中國北京的日本大使館附近，一間名爲二十一世紀飯店內的日本料理餐廳內，和中國的熟人午餐，之後離開了有著空調的飯店。太陽亮得刺眼，因爲要討論研討會相關事宜，我到北京出差五天，那天是跑完所有行程的最後一天。

那時是下午兩點左右，也是一天最熱的時段，雖然空氣並不潮濕，但陽光很強烈。氣溫應該有40度左右吧。因爲飯店前的車道上沒有計程車，我等了一下後，便走到了前面的馬路旁。

我舉起手等了大概７、８分鐘，全身都像是噴出汗一般。從對向車道上，一輛奔馳的白色計程車的司機響起喇叭並朝我揮手，我也回以手勢。在北京跑的計程車多半是綠和土黃色的雙色，白色計程車相當罕見。雖然我覺得從對向車道特地繞過來不太尋常，但好不容易才等到這輛計程車。我想要避暑，於是便上了車。

我說：「請開到北京首都國際機場第三航廈。」說完後，計程車便開始啟動。

我馬上注意到了車子行進方向跟我想去的方向（機場高速公路）不同。我因爲覺得奇怪而向司機搭話，但他一點也不在乎，只是平靜地開著計程車。途中他好像還用手機輸入了什麼。我從來沒看過計程車司機做這種事。

車子開了快一小時，抵達機場出發大廳樓層時是下午3點10分左右，我身上的汗都乾了。因爲沒有停車區，所以大家都隨意停在馬路上。司機將計程車停在了一輛白色廂型車的斜後方。車周圍有著6名身著T恤、體格很好的男性。雖然我覺得計程車停在這麼多感覺非善類的人群旁，讓我有些不快，但我還是從後車廂拿出行李開始移動。飛機時間爲下午5點半。

這個時候，其中一名男人用中文問我：「你是鈴木嗎？」

我回答：「是的。」之後，3、4名男人馬上強硬地把我押進了廂型車。即使當時我體重有96公斤也抵抗不了。

「你們是誰？」

「北京市國家安全局。」

聽到這句話的我腦袋陷入一片空白。說是安全局，其實就是間諜組織，他們也負責抓捕間諜。爲什麼他們要找我？這個問題閃過了我的腦海。我順應當時情況被推進車內，穿過三排座位的中央，到了最後一排，並被塞進了最裡面的位置，也就是最難逃跑的位置。車上副駕駛座有一名男人正在拍攝。

「給我看你們的身份證明。」我這麼說，但男人們回答：「沒有這個必要。」

我問：「爲什麼要抓我？」然後一個瘦瘦戴著眼鏡的男人，在我面前攤開了一張紙，上面寫著北京市國家安全局長李東的名字。

上面寫著因爲我有間諜嫌疑，因而允許逮捕我。現在想想，那台計程車搞不好也是安全局分派的吧……停在廂型車旁邊也無法視爲偶然。雖然我沒辦法證實眞相。

我在車上被奪走了手機、手錶，並且爲了防止我自殺，而把我的褲子皮帶抽走，並讓我戴上了黑色的眼罩。

「要去哪裡？」我用中文問。

「這可不能說。」其中一人回答。

我請求：「聯絡日本大使館。」但對方只說：「等到了之後，跟負責人說吧。」

即使我向他們搭話也沒有用，也不知道我們要去哪裡。我認爲抵抗也沒有用，所以就靜靜坐在車子裡。

被黑色厚窗簾所包圍的房間

大概開了一個小時左右吧，車停止後可以聽到有人在對話。車似乎是停在了某個類似櫃台的地方，然後車又緩緩再開了起來，並開始走下坡，似乎進了地下車庫。

停車後，我被抓住雙臂，就戴著眼罩被迫下了車，進電梯，並在更高的樓層離開電梯，之後我的身體被轉了很多圈，應該是要讓我搞不懂方向吧。我穿過走廊，被帶到了一間房內。

「坐下。」我聽到一個男人說。我用手摸索後方，摸到了類似床的觸感。我坐下後，眼罩才終於被拿下。

我看房間的樣子，似乎像是間老舊的飯店，浴室裡並列著洗臉台、馬桶、蓮蓬頭，看向天花板後，房間四角設置的監視攝影機鏡頭閃著光芒。雖然看起來像飯店，但浴室沒有門，從房裡可以完全看光裡面的情形。

很快就有醫生來幫我測血壓。收縮壓爲186，舒張壓不太記得了，但大概是100左右吧。醫生建議我：「要吃降血壓的藥。」但我拒絕道：「我才不吃那種東西。」不過，幫我翻譯的女性說：「因為擔心你的身體狀況，所以請吃藥吧。」並試圖說服我。我因為平常血壓就高，那天早上也吃了市售的中國降血壓藥「北京0號」。當時我因為激動而完全忘了，因為翻譯溫柔體貼的話，而又吃了降血壓藥。

20～30分鐘後，我被指示「離開房間」，於是我被抓著雙臂到走廊上，被帶往斜對面的504號房。我進房間前看向斜後方，我一開始被帶往的房間門上寫著502號房。

504號房是就像電影偵訊室那樣的房間。房裡有像是董事長在用的那種穩重的大桌子，有三名男人坐在椅子上。我則被迫坐在桌子對面固定式的椅子上。

三人都是穿著POLO衫、牛仔褲、運動鞋等輕鬆的打扮。開口的是位於中間、40歲左右，肥胖體型的男人。

「鈴木英司，你知道自己為什麼來這裡嗎？」

「我怎麼可能知道。我在日本還有事要辦，請快點讓我回去。叫大使館的人來。」我請求道。

「我知道你想叫大使館。日中領事協定要在5天內聯絡大使館，所以你不用擔心。我們很守法的。」肥胖體型的男人說。正確其實是4天內，但當時他是這麼說的。

北京市國家安全局內部的樣子
筆者被監視居住的房間平面圖

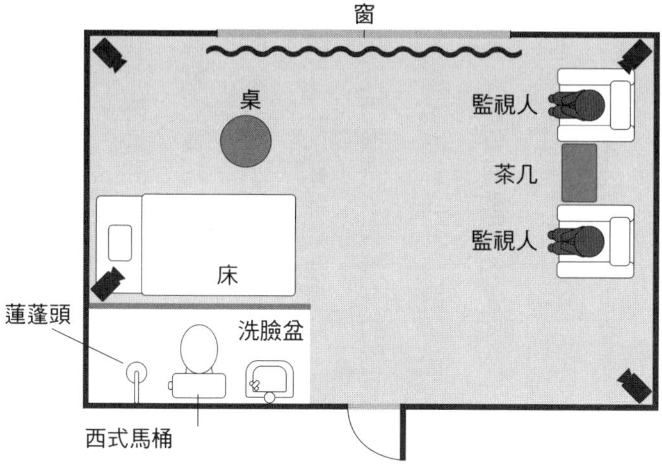

- 窗上掛著黑色的厚窗簾，不知道外面是白天或晚上。
- 24小時都開著燈。睡覺時不允許關燈，一直都有人在監視所以無法安寧。
- 被指示頭要朝著監視人的方向睡。
- 浴室沒有門，監視人完全可以看到裡面。
- 房間四角閃著監視攝影機的鏡頭光芒。

筆者被監視居住的建築物樓層房間配置

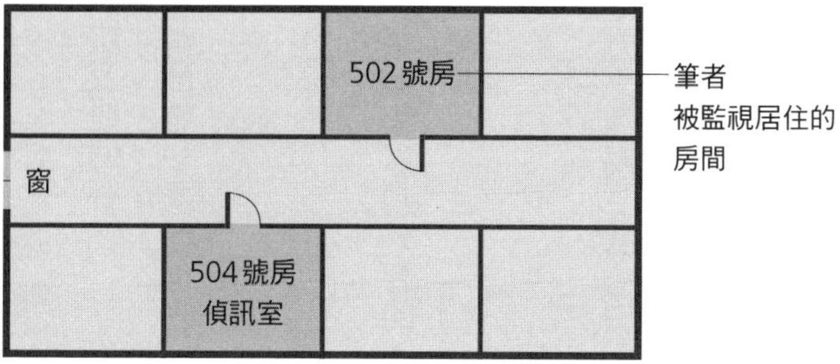

肥胖體型的男人爲了拿茶水而離開房間１、２分鐘後，我問了翻譯。翻譯是一名中年女性，我感覺她是個好人：「爲什麼會發生這種事？我什麼時候可以回去？」我平靜地問。

「你就老實招吧。只要老實說就可以回去了。」翻譯像要說服我般回答。

「明天我有事所以想早點回去。我什麼時候可以回去？」我再問了一次，但對方只回答了：「跟我說那種事，我也不知道呀。」

之後他們檢查了我持有的物品，並且製作了持有物品的目錄。

我被指示回到５０２號房後，床對面的沙發上默默坐著穿了Ｔ恤和運動外套的兩名男人。是負責監視的人。

「你就在這裡生活。」

我還以爲會被帶去其他地方。要在沒有時鐘也沒有電視的地方生活嗎？我心中大喊著別開玩笑了。但想說應該也不會很久吧，當時還想得十分美好。

過了不久後，晚餐就被送來了，是蕃茄炒蛋加麵。跟炒飯一樣是中國一般的家常料理。雖然肚子餓了，但因爲我很不爽，所以我不想吃。卽使如此還是吃了一口，結果因爲麵都爛了，根本就吃不了。

「這種東西誰吃得下去啊。不用了。」

「吃了比較好喔，空腹對身體不好，所以吃吧。」負責監視的男人說道，但那之後我就沒再動過筷。

幾個小時後，我再度被帶往504號房。他們問了我是幾年出生、戶籍位於何處、有幾個家人、什麼大學畢業的、過去做了什麼工作等生平相關的事。

接著他們遞紙給我，要我寫下所有認識的中國人的名字。我想說寫出一些名人來嚇嚇他們，就將過去見過面的胡錦濤前國家主席、李克強總理（時任）等**中國共產主義青年團（共青團）**[1]幹部的名字寫了上去。

---

1 中國共產主義青年團（共青團）：中國共產黨的青年組織。被視爲菁英組織，胡耀邦前總書記、胡錦濤前總書記、李克強前總理、胡春華前副總理等，全都當過共青團最頂尖的第一書記。但是自從想疏遠共青團的習近平擔任總書記後，就將共青團出身的人打入冷宮。2022年10月23日開始的習政權第三任期，將李總理調離中共中央政治局常委會，胡春華副總理則從中央政治局委員（共24人）例外降格爲中央委員會委員（共205人）。

「不是這種幹部。其他還有很多吧。你有朋友吧，寫那些人的名字。你應該在日本的中國大使館也有朋友吧？那個也寫下來。」

肥胖體型的男人補充道。雖然我寫下了大使、公使的名字，但沒有將外交官朋友們的名字寫上去。

肥胖體型的男人看了看左手上的大手錶，已經要晚上11點40分了。

「明天繼續問。」他對我說道，於是第一天就結束了。

回到房間後我想打開窗戶，但卻被說：「不行。」而被制止了。我只是想吸吸外頭空氣，便詢問理由：「爲什麼不行？」然而對方只冷淡地回答：「這是規定。」

我把頭枕在床上的枕頭後，又被說了：「不行。」並要我將頭轉向腳的那一端。我想應該是因爲監視者收到指示，這樣他們兩人才能看到我的臉。

我打算關燈後，他們又說：「不能關燈。」於是燈便一直亮著，我不停想著發生在自己身上的事，根本無法入眠。我想著，要怎麼聯絡家人呢？明天我本來預計要跟學生們在新宿的中華料理店吃飯的。再一個月後的8月6號是高中同學會。這是我1975年自高中畢業後，睽違了41年第一次的同學會。我也是同學會的總召。在那個晚上，我還覺得應該趕得上同學會吧。

很快地，監視的人換成另外兩人。不久後我才知道，監視者分成四班輪值。外面響起了狗吠聲。之後我才得知，那隻狗似乎是爲了抓逃亡者而被放養在建築物的所有地內。

我沒辦法進入深眠，一直持續著打瞌睡的狀態。

「醒醒。」監視者讓我從淺眠醒了過來。因爲室內沒時鐘，所以我無法確定，但可能是早上了吧。窗簾間的縫隙有些微陽光漏了進來，想必是早上了吧。

房內唯一的窗戶上，掛著的黑色厚窗簾仍然緊閉。

「可以打開窗簾嗎？」我問。而監視者則回答：「不能拉開。」應該是不能讓我看外面吧。

早餐是中國式蒸饅頭和粥、醃漬物。食物全都被放進保溫罐中。我說我只需要粥和醃漬物就好。房間內沒有我的椅子，所以我只能坐在床上，把粥放在小圓桌上沉默地吃粥。老樣子，被兩個沉默的男人盯著，完全沒辦法心平氣和地進食。但是因爲前一天沒吃東西，我還是吃完了早餐。

吃完後，他們要我自己清洗餐具。好像規定是每一餐都要我自己洗。並且在每次早餐後都會量血壓。

房間裡有蓮蓬頭，雖然我每天都可以洗澡，但我只有兩天洗一次。因爲浴室沒有門，一直都有監視者在看，這段時間在精神上來說很痛苦。

名爲「監視居住」的監禁生活

我被禁止委託律師。我再三要求聯絡日本大使館，但聽到他們說：「現在要聯絡大使館了。」是在7月20日的下午5點半。我被抓的時候是7月15日。日中領事協定規定要4天以內聯絡大使館才對，結果實際上聯絡卻是在5天後的7月20日。我後來才知道，我的「監視居住」記錄上是從7月16日開始，所以算4天的話，也是從7月16日開始的。明明是15日被抓，爲什麼會這樣算，我直到現在也還是搞不懂。

在我的記憶中，一週後的7月27日總算有大使館員來探望我。因爲我過著沒有日曆和時鐘的日子，所以記憶中只記得應該是被抓之後的12天左右吧。

準備給我們的接見室很大。房間內有負責偵訊的兩人跟年輕翻譯，會面時間只有30分鐘而已。

每當我講到被關押的理由，就會被調查官警告。大概進行兩次這樣的對話後，我就被警告：「只要再說兩次，今天的見面就立即中止。」

根據大使館員的說法，我現在的關押被稱爲「監視居住」，是基於中國法律的一種程序。明明不到日本犯罪後會進行的逮捕層級，但卻允許監禁。「監視居住」聽來好聽，實際上就是監禁。而這個監視居住規定三個月，但是可以再延長，大使館員這麼告訴我。

「這個嘛，再延長一次就是6個月。這會是一場長期戰，還請有耐心地等待。」

被說要「有耐心」，讓人感到虛脫。大使館員一副覺得這差事很麻煩的樣子，從態度上完全表現出來了。

我問：「可以雇用大使館的顧問律師嗎？」答案是：「需要支付35萬人民幣（當時匯率約560萬日圓）。」我在震驚的同時也放棄了。

大使館員的建議是透過中國的法律援助制度來免費雇用律師。但是那時，我不知道監視居住期間沒辦法雇用律師。

會見到最後，我被問到有沒有話要捎給日本的人，我提了家人、認識的國會議員、新聞記者舊識的名字。後來才知道，除了家人以外幾乎都沒收到聯絡。關於這件事，我在第4章還會再仔細說明。

回到監視居住下的話題，監視者的男人們幾乎不會跟我對話。也有監視者會在餓肚子的我面前大聲吃著零食。

但是一位跟我差不多年紀的男人則有所不同。他有著方臉和平頭，身高超過180公分。外表看起來很可怕，但是相當溫柔。雖然我在房內連茶都被禁止喝，但是開水可以，所以平頭男很頻繁地給我水。

「你喜歡吃什麼？」

他這麼問，我說我想喝湯後，他有時就會偷偷在送食物時給我口感既酸又辣的「酸辣湯」。不知不覺我也開始期待見到平頭男的日子。

大概在被監禁不久後，其中一名偵訊官要求：「叫我『老師』。」

雖然我想著這什麼跟什麼，別開玩笑了。但他們想要像這樣打造出「主從關係」吧。老師的口頭禪是：「我們之間建立起信賴關係是很重要的。我們什麼都能幫你完成，所以開口跟我們說吧。」但他完全把自己置於優勢地位。

間諜嫌疑及令人驚愕的杜撰證據

隨著調查進行，我的「嫌疑」好像逐漸得以釐清了。2013年12月4日，我和在日本認識的中國政府外交官湯本淵先生在北京聚餐時說的話，好像被視爲是有問題的。湯先生曾擔任駐日中國大使館的公使銜參贊（按：簡稱公參，是一種外交官頭銜）。2013年7月他回到中國，進入了**中國共產黨中央黨校**[2]，走著相

2 中國共產黨中央黨校：培育共產黨幹部的組織。要升遷職位前一定要進入黨校，接受3〜6個月關於黨的政策、歷史等的教育。中央黨校是菁英之路，要進入黨中央及地方高層幹部必須先在該校學習。另外，地方各級機構也有設置黨校。

當菁英的道路。

老師好像掌握了那天湯先生和我的對話。也就是說，湯先生已經被關起來並接受了調查吧，我是這麼想的。我也懷疑可能是被竊聽，但至今仍然不清楚。

老師某天突然跟我說：「你們談了北韓的話題吧。這是需要謹慎對待的話題，並且是違法的。」

我回想當時的對話。說是對話，也只是因爲剛好在跟湯先生吃飯前不久，韓國政府跟韓國的國會議員獲知，北韓已故金日成主席的女婿張成澤有兩名親信被處刑，張氏本人也不知下落。而該國會議員也向大衆媒體公開了此事。這件事是2013年12月初在日本被報導出來的。我回想起來，聚餐時我問湯先生：「您怎麼看待此事？」而湯先生的答案只有：「我不知情。」

「處刑的新聞是公開資訊。我來北京前，日本的報社就已經報導了，另外，湯先生也只有說『我不知情』，這樣爲什麼違法？」

我這麼逼問老師後，他只回答：「只要中國國營的新華社沒有報導，就是違法的。」

我簡直要懷疑自己的耳朵了。這個國家的法律制度到底是怎麼搞的。只是這種程度的對話就能監禁人的法律制度、人權觀念，讓我又驚又怒。但是我當時根本沒有想到只是這樣就被認爲可能是間諜。我的認知中只有爲了定我罪，他們應該會問東問西的吧。

順帶一提，北韓國家安全機構的國家安全保衛部（按：2016年改名爲國家保衛省），在2013年12月12日展開對張氏的特別軍事審判。並指稱他推動顚覆國家政權的陰謀，判處死刑並立刻執行。這件事當然也被全世界報導過，這種資訊到底哪裡「違法」了。

三人組調查我的過程中，其中一名男人難得開口了。當時老師爲了泡茶而離開了房間。

「我見過你一次，你不記得嗎？」

那個人大約30歲前後，有著偏黑膚色和後梳西裝頭。直盯著人的眼睛讓人印象深刻。我覺得好像在哪看過，然後忍不住「啊！」地喊出聲。

2010年6月，我爲了進行植樹活動而拜訪遼寧省錦州市。當時我擔任日中

在植樹典禮上以代表身份打招呼的筆者。此時國家安全部的人隱瞞身份，偽裝成志工跟筆者同行。2010年6月於中國錦州，筆者提供

參加植樹活動的筆者（左起第四人）2010年6月於中國錦州，筆者提供

迎賓典禮上的小淵惠三首相（時任，左側）及朱鎔基中國總理（時任），1999年7月9日於北京人民大會堂，共同通訊社提供

青年交流協會的理事長，也是植樹活動的代表團團長。當時來幫忙的就是這個人。他自稱是北京來的志工。

中國自從1998年長江水災後，爲了防止各種自然災害而開始各種植樹活動。1999年7月，日本的小淵惠三首相（時任）訪中之際，宣布要爲植樹設立100億日圓規模的基金。同年度11月，日中兩政府換文，成立日中民間綠化協力委員會（按：中國名稱爲中日民間綠化合作委員會）。日中青年交流協會承攬了這個植樹活動。連日中首腦斡旋而展開友好活動的現場都有國家安全部在監視，我因爲過於震驚，一時都說不出話來了。

北京市國家安全局內部的樣子

被監視居住7個月的期間裡，我只有看過太陽一次。

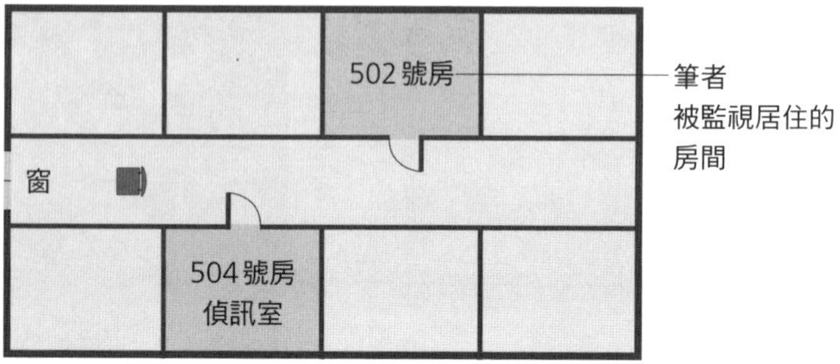

走廊盡頭窗戶前的約一公尺處被放了一張椅子，我坐在那邊，得以見到15分鐘的陽光。雖然我想更近點看，但只要想靠近窗戶就會被罵「不行」。

陽光讓我淚流不止

之後偵訊仍然持續。即使偵訊完了也無法看書、也沒有電視，紙筆也被禁止使用。能做的事一件都沒有。也沒有說話的對象，除了進食跟淋浴的時間以外，我就只是靜靜坐在床上。

運動倒是被允許的，雖然他們經常要我起來走走，但也只是在小小的房間中來回走動而已，其他被允許的運動，只有把手放在床上進行伏地挺身及伸展操而已。因爲沒有鏡子，我也看不到自己的樣子。只能從裝食物的保溫罐鋼材上隱約看到自己的臉。

針對中國當局監禁日本人而開記者會的菅義偉官房長官（時任），2016年7月28日於首相官邸，共同通訊社提供

感覺都快發瘋了。被監禁的那天還覺得很煩人的太陽，現在的我是一個勁地想念。眞想看到太陽啊，只有一次也好。大概在被關了快一個月後的某天，我把這個念頭跟老師說了。

「可以讓我看看太陽嗎？」

「我們討論一下，你等等。」

隔天，老師來到502號房，跟我說：「只看15分鐘的話可以。」並同意了。我從房間被帶到走廊後，距離窗邊大約一公尺的地方，孤零零地放了一張椅子。坐下來後，眼前就出現了太陽。

「這就是太陽啊——」

我的眼淚都冒出來了。我想再更近一點看。但我打算靠近窗邊時，在椅子後方的男人便說：「不行。」然後制止了我。應該是因爲窗邊可以看到建築物周圍吧。這個地方是完全被秘密所籠罩的場所。

「結束了。」

15分鐘後，無情的聲音在走廊上響了起來。長達7個月的監視居住生活裡，我就只有那麼一次看到了太陽。

我被監禁的事情，在同年7月28日的每日新聞晨報上進行了以下的報導。

擔任東京都内日中交流團體幹部的男性，於本月中旬拜訪北京後便失去了聯絡。根據日中關係相關人士表示，他有可能因間諜嫌疑而正在接受中國當局的調查。

根據關係人士表示，該男性於本月10日左右前往北京，預計15日回國，但是直到27日，公司仍然聯絡不上。中國去年以在浙江省等進行間諜活動的名義，監禁了日本人男女共4人。

（２０１６年７月28日每日新聞晨報）

因爲有這樣的報導，菅義偉官房長官（時任）在同一天28日早上的記者會上，以日本政府的立場正式承認了我被中國監禁一事，這件事也被每日新聞給引用。

菅義偉官房長官於28日早上的記者會上，針對東京都內日中交流團體幹部的男性於本月中旬造訪北京後失去聯絡一事，發表：「7月北京市內有日本人男性被中國當局監禁一事，中國方面有相關通報。」承認了監禁一事。

菅官房長官避免提及監禁當時的狀況及男性職業等具體內容，並表達：「因為事件性質，我希望能盡量避免評論。」而關於該男性的間諜行為，則否定道：「我國無論對任何國家都沒有進行這樣的活動」。至於男性現在的健康狀態，菅官房長官則說：「沒收到有特別問題的通知。」並強調「從保護國人的觀點，會透過外交代表機構進行適當的支援。」

（２０１６年７月28日每日新聞晚報）

結束7個月的監視居住後，我被正式逮捕，那是隔年2017年2月的事了。被逮捕後，我被移送至北京市國家安全局的看守所，同年5月被起訴。2020年11月以間諜罪被判處6年有期徒刑，收監至監獄。

我回國的時間爲2022年10月11日。經過6年以上的監禁生活，我的體重從96公斤降到了68公斤。

筆者從監禁到解放爲止的經過

2013 年	12 月 4 日	和中國外交部高官在北京聚餐
2016 年	7 月 15 日	遭北京市國家安全局監禁
	7 月 16 日	開始監視居住
2017 年	2 月 16 日	以間諜嫌疑被逮捕，移送到看守所
	5 月 25 日	起訴
	8 月 2 日	一審開始
2019 年	5 月 21 日	一審有罪
2020 年	7 月 15 日	二審開始
	11 月 9 日	二審判決服六年有期徒刑。收押至監獄
2022 年	10 月 11 日	結束刑期出獄，歸國

第一章

著迷於中國的青年時代

對日中交流的熱情，萌芽於學生時代

那已經是50年前的事了。當時我中學三年級，在國語課上讀到從魯迅短篇〈故鄉〉摘錄的其中一節。

「我想：希望本是無所謂有，無所謂無的。這正如地上的路；其實地上本沒有路，走的人多了，也便成了路。」

用英文來說，就是類似Where there's a will, there's away.（有志者事竟成）的意思吧。以自己的意志開創一條道路，而愈多人走上這條路，就能化為更大的歷史潮流，創造未來。我覺得這是一種浪漫。

當時老師說的話也讓我難以忘懷。「未來，中國必將成爲世界大國。」在這個地球上，中國過去一直都是個大國。雖然被英國侵略後就進入了寒冬期，但我小時候心想，總有一天中國一定會復活。而近年來中國的成長，完全證實了當時老師所說的話。

中國當時正值文化大革命。日本所能獲得的消息只有中國的官方新聞，也受到

向歡送的人揮手致意的田中角榮首相（時任，右側）及周恩來總理（時任），1972年9月於中國上海機場，共同通訊社提供

文革的一些影響。之後因爲美國國家安全顧問亨利・季辛吉（時任）突然訪問中國，中國跟美國的邦交也急速開始恢復。日本國內也開始受到影響，熱烈地朝著跟中國邦交正常化的方向前進。我每天都關注著這些新聞。

當時我也經常去中國商品展。我買了《毛語錄》及人民帽之類，非常開心。我也是在那時候買了日中友好協會出版的《日本與中國》。我對中國抱有很大的希望，也同時熱烈期待著日中開始交流。

日中恢復邦交是在我高中一年級的時候。1972年9月，周恩來總理（時任）穿著中山裝並前往北京機場迎接田中角榮首相（時任），他握著田中首相的手，彷彿要把手扯下來般大力搖動的景象，在我心中留下強烈印象。「我想從事跟日中交流相關的工作。」從那時開始，我隱約這麼想著。

大學畢業後，我進入全農林勞動組合（按：日本農林水產省的職員工會之一）中央本部書記局，從事政治、國民運動、國際交流。特別是在國際交流部分負責和社會主義國家交流，並且和相當於日本勞動組合總評議會（日本労働組合総評議会）的中華全國總工會（中國的全國性工會）開始交流，以此爲契機，也開始負責事務局的工作。而我想去中國的念頭變得更強了。

決心將人生賭在日中交流上

我第一次去中國是在1983年的8月。我參加社會黨青少年局訪中團，拜訪了北京、哈爾濱、長春、上海。我是最年輕的團員之一。

我們去了解了日本侵略中國東北部的實際情況。雖然作家森村誠一已經以個人身份去過了（按：森村誠一後來撰寫《惡魔的飽食》一書揭露日本七三一部隊的惡行），但是日本的訪中團還是第一次去「七三一部隊舊址」，受到了很大的衝擊。

我們在北京人民大會堂見到了喬石（後來全國人民代表大會常委會委員長）。我也是在那個時候，第一次聽之後對我造成很大影響的張香山的演講。張香山以外交部顧問身份，參加了日中恢復邦交的交涉，之後擔任**中國共產黨中央委員會對外聯絡部（中聯部）**[3]副部長及顧問、中國國際交流協會副會長、日中友好21世紀委員會的中方首席委員等身份，是日中關係的重要人物。

因爲該次接受拜訪的是**中華全國青年聯合會（全國青聯）**[4]，所以我也開始和他們交流了。我當時從中國寄回給日本家人們的明信片上寫著：「從空氣到天空，一切都讓我感到新鮮。」現在回想起來，也還記得當時的感動。

１９８４年，社會黨派出大規模青年代表團（１７６人），當時接受拜訪的也是全國青聯。我以最年輕的副團長身份參加，拜訪了北京、上海、西安。我在北京的學習會上聽了張香山演講，也幸運地以團代表身份向他提問。

晚上的宴會中，張香山來到我坐的那桌，跟我說：「問得很好。」並和我一起

初次與張香山懇談的筆者，1984年7月2日於北京飯店，筆者提供

合了影。

回國後，我更加沉迷閱讀跟中國有關的書。總之我想要獲得更多中國相關的知識。也組成自費參加的代表團，以事務局長身份訪中。每次都得以和張香山先生會面懇談，也受到了餐飲招待。

我也拜訪全國青聯，努力和青年團交流。我和社會黨的土井多賀子眾議院議員（時任）關係很好，所以中國方面也很鄭重地對待我。而我和張香山的深刻交流，也逐漸在對日關係人士之間打開了知名度。透過這樣的交流，我真的喜歡上了中國。

當時我的身份雖然是全農林勞動組合的書記局員，但透過土井小姐辦公室所發的通行證，我也常前往國會（按：日本國會）。1990年，我成爲社會黨竹內猛衆議院議員（時任）的秘書。竹內先生在社會黨中也是其中一位中國通，擔任黨內的日中關係委員會委員長。我作爲理解中國關係的人，竹內先生也曾對我說：「和中國的關係，從社會運動角度來說也很重要，希望你不要只把它當成工作來做。」我在休假時，也會短暫前往中國。

要是中國的訪問團來拜訪社會黨，我一定會出席並加深雙方交流。中聯部派代表團來時，幾乎所有團員都認識我，國會議員們還大吃一驚。在國會議員間，我的

3 中國共產黨中央委員會對外聯絡部（中聯部）：一直屬中國共產黨中央委員會，負責黨對外工作的組織。1951年成立。1982年以來，政黨外交是中國外交的一個重要支柱，中聯部和全世界600個以上的政黨持續交流。特別是和北韓的外交，不是經由外交部（日本的外務省），而是由中聯部來進行。

4 中華全國青年聯合會（全國青聯）：以中國共產主義青年團爲核心，加上中華全國學生聯合會、中國少年先鋒隊、中華基督教青年會全國協會等所組成，擁有3億8000萬會員，是中國唯一超越黨派的統一戰線組織。

名字也因爲「關於中國的事就問鈴木」而流傳開來，經常有人會來問問題。

當時社會黨定期會派出訪中團，並且都會開讀書會，我也都會參加。這個讀書會當時很大的主題就是周邊事態法案（按：全名是「於周邊事態之際，爲確保日本的和平與安全措施之有關法律」案），我們就該法對外務省中國課長猛問問題。還被國會議員們稱讚過。駐日中國大使館也有中聯部派來的外交官，我也透過這些人，得以建立跟大使館之間的良好關係。我也以中國通的名號在社會黨內傳開來。

1996年，竹內先生從衆議院議員身份退休，考慮到衆議院議員選舉制度轉成爲小選區比例代表制，我也離開了國會。在和日中兩國的朋友們談過後，我決定在中國教授日本政治。我決心將人生賭在和中國的關係上，就是從那時開始的。當時我39歲。

開始在中國的教書生涯

1997年3月，我在北京外國語大學的日語系擔任外國教師。中國朋友告訴我這間學校正在找教授日本政治的人。中國的**國家外國專家局**[5]正在招募「教科文衛專家」。我請張香山幫忙當保證人，也請他幫我寫了推薦文。我在該大學教授3、4年級學生日本政治，任期爲一年。當時我也沒想到，之後的5年都會在中國的大學教書。

一個學年有兩班，並且每週上一次課，一週有四節課。一節爲1小時半。月薪爲3000人民幣，當時匯率爲1元對日幣18圓，所以相當日圓5萬4000圓，是中國政府副局長級的薪水。說是這麼說，但這金額還不及後來回日本時的機票錢，和當時日本最低一個月也有40～50萬日圓薪水的日本企業外派員工相比，可說是雲泥之別。

5 國家外國專家局：中國爲了國家發展而招募外國專家的組織。用國家經費邀請大學教師或科學家、工程師等外國專家。也在主要大國設置名爲「國際人才交流協會」的分部，招募外國人才。

《中日民間交流50年》（世界知識出版社）中介紹「在外國語大學任教的日本朋友鈴木英司先生，利用閒暇學習中華料理的做法」1998年2月於北京，筆者提供

我當時住在外國教師宿舍，所以不用住宿費。而因爲我是中國招聘的教職員，所以當時電費等公共費用也都不用錢。一年回國一次的機票錢由中國政府負擔。

當時北京市內的日籍老師大概有幾十人，全都是日語老師，只有我是在大學的日語系教授日本政治。因爲我是日本人，從一開始上課就被學生提問日中關係，特別是靖國神社的參拜問題等，還有日本「侵華戰爭」等問題，我幾乎都能完美回答，所以獲得學生們很好的評價。爲了跟學生打好關係，我也很重視和學生們一起玩，經常帶他們去喝酒。

另外學期中我會有兩次招待整班學生來宿舍做菜並喝酒，最後我們會吃咖哩飯，所以就叫做咖哩派對。

晚上我幾乎每天都會在廣場一個人健走，也努力打入學生群體。像是去學生宿舍，經常和學生們一起喝啤酒，另外在美軍轟炸了南斯拉夫的中國大使館時，我也跟學生們一起前往美國大使館遊行。

我也以北京外國語大學的日語系立場活動，一開始由我向日本大使館發起交流，請大使館的書記官們來學校，針對其專長講課。現在在佳能全球戰略研究所（Canon Institute for Global Studies，CIGS）擔任核心學者的宮家邦彥先生（當時在北京大使館擔任公使及宣傳），其演講在學生之間引起很大的迴響。

日語系主辦的「日本文化祭」因爲沒有大學經費資助，我帶著學生們去各家企業拜訪，以「廣告費」名義募集協辦經費。雖然學校方面說：「讓學生去要錢很丟臉。」而批評此活動，但這也是爲了讓學生們對日本（資本主義）企業所擁有的社會使命及契約有更深的理解。

我也幫助學生的就職活動，有很多人就職於**文化部**[6]、中聯部、總工會、共

6 文化部：相當於日本的文化廳

青團、共青團所經營的青年旅館。

在以老師身份前往中國前，我在北京就有特別多朋友，所以透過在中國社會的交流，尤其是透過中聯部、共青團等的交流，也就特別了解中國的政治外交關係。因爲很多人知道我和張香山的關係，所以許多對日關係人士也相當重視我，這點實在難以忘懷。

光是靠臉就能進入中聯部宿舍及單身宿舍，能做到這件事的恐怕也只有我吧。我當時的朋友現在很多都是副部長、局長等高職位的要人，可以簡單地接觸到中國政黨及政府的幹部。中國的部長，也就是日本政府所謂的大臣。舉例來說，日本外務省在中國就是外交部，外務大臣也相當於中國外交部長。也就是說，部長是大臣等級、副部長是副大臣等級，比局長職等更高。

由於學習日中關係，特別是恢復日中邦交的歷史相當重要，我和張香山一年會見面4、5次，邊吃飯邊聽他說話，後來我能被說是「張香山最親近的日本人之一」，也是因爲那時的經驗。由於張香山的好意，我也是在那個時期翻譯了他的著作《日中關係管窺與見證》並在日本出版。這本書含有中國共產黨初次制訂對日政策的經過及內容，是一本相當貴重的歷史資料及著作。

我也和中國社會科學院日本研究所的蔣立峰所長維持長年友誼，該院所舉辦的幾乎所有日中關係的研討會都讓我參加，得以與許多學者進行交流。我對研究產生興趣也是在那個時候。蔣先生是我第一個在日本交流的中國人，他在1982年時於早稻田大學以訪日學者的身份進行了短期留學。

不只是和日本學者、我也和中國學者加深感情，和地方學者也變得親近。我好幾次去地方大學演講，也更加了解地方的情況，相當有意義。

1997年我前往中國時，許多朋友們都來送別。當時我想說如果這些錢都花在自己身上，那就什麼都不會留下，所以我透過中國國際交流協會，將1萬人民幣（當時匯率約16萬日圓）捐給了中國正在進行「扶貧活動」貧困地區之一的陝西省彬縣。

雖然我的捐款是瞞著大學進行，但是有約50封信寄到大學給我，那是陝西省彬縣的小學生及家長的信，所以我進行扶貧活動的事也被大學知道了。

根據他們說，有47名小學生在2年內都不用買文具了。雖然捐款額沒有很多，讓我有點害羞，但是學生會在校內的公告欄上寫了我的事，並被北京媒體《北京晚報》所報導。中國國家外國專家局的季刊《國際人流》也刊登了此事。

爲學生努力而充實的教職生活

我在北京外國語大學任職到1998年7月爲止。那之後我異動到以培育外交人才爲目的、隸屬中國外交部的外交學院，同時還是維持北京外國語大學的非常任教師身份，一週上一節日中關係的課，向3、4年級學生教導日本社會及日本政治。在各界的朋友也因此增加，過著更加忙碌的生活。

我也努力讓沒考上外交考試的優秀外交學院學生進入中聯部。而那名學生現在以中聯部幹部的身份活躍著。

外交學院的學生們都很優秀，大家的目標都是進外交部、成爲外交官。然而每年只有數名合格者，學生們對此也抱有不滿。因爲是少數菁英的小小學校，方便管理，學生們的規矩都很好。

另外，中國首屈一指的日本通之一，過去曾是周恩來口譯的中國文化部劉德有副部長的家不算很遠，所以每個月我都會拜訪他一次，請他教我日中關係的歷史，這也是相當寶貴的機會。

雖然我很喜歡這所學校，但在一年後就離職了。當時一起喝酒的日籍老師則異動到了西安外國語大學。

當時我在中國的生活相當舒適，我也開始想要繼續待在中國久一點。從外交學院離職後，我為了找尋新的大學而拜託了中國國家外國專家局，但是北京的大學有太多人想進，很難找到職缺。

當時現役的對日關係人士和已退休的外交官或新聞記者們，會舉辦中日關係史學會，每兩三個月就會招待一次日本來的友好人士（親中派）或政治家，我每次都參加例會。我是第一個外國人會員。會中特別有許多資深外交幹部，我拜託丁民副會長（已故）將我介紹給國際關係學院的馮教授，成為該學院的老師。國際關係學院是國家安全部所管理的大學，一切都保密。學生名字全都是化名，我連辦公室也沒辦法進入。下課後馬上就會有奧迪的車來接我、送我回家，薪水也是在校內親手交付，是很特殊的情況。

我也沒辦法參加畢業典禮、開學典禮、會議等。但相對的薪水有4000元（當時匯率約7萬2000日圓），住處在北京友誼賓館的專家樓。每天早上都會送來人民日報，服務員會幫忙打掃。早上也是由奧迪負責將我送到學校，待遇非常好。

國際關係學院的學生全都是地方國家安全局關係人士的小孩，畢業後會在地方安全局工作的樣子。所以要是問到家長工作，他們一定會回答：「公務員」。和學生之間的交流也是禁止的，不能跟學生一起吃飯，也不能一起拍照。

這是一間連教職員之間的交流也被禁止的特殊學校。校長是國家安全部的副部長，學費是免費。而且學生還會從國家領取薪水（當時是100人民幣），所以家長似乎不需要付錢。但反過來說，如果不在國家安全部就職，就需要支付在學期間的全額學費。

學校位於世界遺產的皇帝避暑勝地「頤和園」後面。培養中國共產黨高級幹部的中國共產黨中央黨校在隔壁，附近有中央文獻出版社及國防大學、國家安全部、再遠一點就是中國軍事科學院等共產黨相關設施，校舍的盡頭有社會科學院的台灣研究所（國家安全部管轄），是相當特殊的區域。

我教的是國際關係學院的3、4年級及研究所學生。我在該校待了兩年，也是該校第一名日籍教師。

當時社會科學院日本研究所所長的蔣立峰先生問過我：「你這樣回日本沒問題嗎？」因爲我太深入中國了，他應該是擔心我可能在日本會被懷疑是中國的間諜吧。沒想到我最後卻在中國被懷疑是日本的間諜，還被判有罪……。

我最後一個工作的地方，是由其他學校日籍教師介紹而前往的中國人民大學。雖是名校，但待遇卻很差。學生很優秀，但只論日語系的話，程度並沒有那麼好，教師群的素質也並不佳。

我在該校也是教授3、4年級跟研究所學生。當時因爲SARS（嚴重急性呼吸道症候群）大流行，學生被關在學校裡，3個月禁止外出。但是教職員可以被允許外出，所以我每天晚上都去校外的居酒屋，聽說日本酒是發酵物，對SARS有效，所以我跟其他日本人還喝了很多酒。

我沒有很喜歡中國人民大學，所以一年後就離職了。想說差不多也想回日本了，所以自該校離職後，我就結束了在中國的教職生涯而回到日本。

日中青年交流協會成立

回國後，在某國會議員的介紹下，我成爲社團法人日本海外協會的事務局長。我想在該會裡進行日中交流，也因小淵惠三首相（時任）找我去，便設立了又稱「小淵基金」的「日中綠化基金」植林事業，並以該協會的身份參加。

中華全國青年聯合會（全國青聯）是中國方面有力的對等單位，所以也舉辦了代表團交流。

但是日本海外協會是外務省所承認的組織，過去主要是和巴西交流。外務省對透過該組織和中國交流是面有難色，認爲該協會要持續和中國交流有所困難，於是在贊同我的關係人士及事務局員們的支援下，成立了日中青年交流協會。

2010年10月，該會正式成爲一般社團法人，協會誕生。

而得知此事後，中國方面全國青聯也答應會全面支持。很快也就開始籌畫小淵基金所舉辦的植林活動。

爲傳達中國的魅力而四處奔走的日子

我透過和中國的交流，認識了許多中國對日關係人士，也加深彼此的感情，但我沒有特別以高官爲目標。只是1983年初次拜訪中國後，和我有交流的人逐漸成爲局長、副局長、部長並出人頭地了。像是中聯部副部長的劉洪才及部長助理李軍，文化部長蔡武、全國人民代表大會常務委員會副秘書長曹衛洲等。

從擔任北京外國語大學教職員以後認識的朋友，有著如文化部副部長暨周恩來口譯的有名人士劉德有，我們作爲朋友相當親近。因爲我和張香山的關係，也和副局長、局長級人士多有交流。能見到的高官也增加了。

對於中國方面的對日關係人士而言，我這個張香山的朋友是很了解中國的友好人士，也是很了解日本國會、政治情勢的人吧。在中國的大學教課的經驗可能也很重要。他們認爲我不是客人，而是將我當成名爲「鈴木」的朋友來跟我交流，讓我十分感激。

共青團國際聯絡部是其中一個交流窗口，我們也有長期往來。1980年代，在李克強前總理擔任共青團負責國際事務的書記時。我們兩人在北京私下見過兩次。李克強當時的順位是排名第四的書記，雖然這樣寫有點失禮，但當時我沒想過他會是能成爲總理的人物。而且印象也稱不上好。

胡春華副總理一開始是共青團西藏自治區的書記，1990年他訪日時，我們透過別人介紹，而在東京赤坂見附（按：東京地名）的酒館喝了威士忌。讓我驚訝的是，那好像是胡先生人生第一次喝威士忌。2008年，我出席胡錦濤國家主席（時任）在北京人民大會堂舉辦的宴會時，成爲共青團第一書記的胡春華先生說：「你是讓我第一次喝到威士忌的那位吧。」並跟我搭話。這個記憶力眞是令人驚嘆。

過去曾一起活動的朋友們成爲高官後持續和我交流，對我來說相當開心。和他們交流的同時，我想也能加深彼此的理解吧。

日中友好關係人士大部分都漸漸年紀大了，當時我還年輕，所以我想中國方面對我有很大的期待。我也對自己的活動產生了自信。中國方面尊重我的發言，也因此日本國內的關係人士對我也有一定的評價。

日本國內當時很少參加成長中的中國的活動，而我作為下一世代日中關係活動人士的一人，好像相當受到期待。也是在這時期，我成為日本七個日中友好團體其中之一「日中協會」最年輕的理事。而特別給我很多建議及支持我的，是當時的日中協會理事長白西紳一郎先生（已故）。

演講機會增加，我也擔任東京都內大學的「中國研究」等與中國相關課程的講師。

擴大青年交流，讓將來的日中關係得以維持良好關係，具有很大的意義。我想透過一次次具體的交流經驗，才能實現這樣的目標。所以我也會帶學生們去中國。

我經常感受到跟中國有關實際經驗的重要性。為此我每次訪中，都會努力和對日關係人士交換意見，萬幸的是，他們完全不排斥和我見面。

在北京的日本大使館的人們，特別是政治部門會問我許多意見。大使館的交流主要是以外交部為窗口，而擔任中國共產黨外交的是中聯部，大使館和他們幾乎沒有交流。在北京的新聞記者問我中國外交情報的機會也增加了。同時，在東京則是中國大使館會協助我。

在加深日中雙方對彼此理解的同時，我在日本發表傾中立場的意見，也是因爲中國方面更加協助我吧。關於歷史認識、靖國神社參拜問題、釣魚台問題等，我的主張比起日本立場，不如說是中國立場，並且是在日本發言。

日本朋友們也因爲「鈴木比起日本更喜歡中國，鈴木的主張太偏中國立場了，所以無法接受」有很多批評。結果我卻被當成日本間諜而在中國被監禁，眞的是很奇怪。

我在2016年7月被監禁，是因爲日本民間團體ND（New Diplomacy：嶄新外交）要舉辦中國國際友人研究會，爲了討論相關事宜而訪中。這個研討會也是我提案的。

日本方面包含我在內共有四人訪中。第一天，所有人一起前往北京的中國國際友人研究會進行討論。雙方同意進行研討會後，也一起簽了名。

第二天，去中日關係史學會，和該會幹部針對當時的日中關係交換意見。

第三天，除了我以外的三人搭早上的飛機回國。我留在北京和共青團等、以及中國國際交流協會的朋友們交換意見。晚上和日中恢復邦交時的中國方面事務局成員之一丁民先生共進晚餐，聊了當時的日中關係及兩國歷史。

第四天，我去販售許多古董、書、畫等商品的琉璃廠散步，和朋友午餐。之後去購物，晚上和朋友晚餐。

然後就是被監禁的第五天。早上十點，我和日本報社的北京分局記者，在北京飯店喝咖啡並見面，其後在21世紀飯店內的餐廳跟朋友共進午餐，然後就是序章所說的那樣了。當時我還不知道，究竟會有多大的苦難在等著我。

第二章

被剝奪希望的拘禁生活

在監視居住中迎來的花甲之年

如序幕中所說的，2016年7月15日，我在北京的機場突然被北京市國家安全局的人抓住，就這樣被迫開始了監視居住的生活。那之後我過起了在起居的502號房及進行偵訊的504號房之間每天往返的日子。

痛苦的時候我就想唱最喜歡的歌手，石川小百合的熱門曲「津輕海峽・冬景色」或「越過天城」。但是在房間裡，唱歌也是被禁止的。沒辦法，我只能在心裡唱歌來鼓舞自己。

負責調查的核心人物，是一名要我叫他「老師」的男人，他會不斷問跟我往來的中國政府高官或日本人的事。一看就知道目的是收集情報。要是說太多的話，會給認識的人帶來麻煩，所以我努力不要說得太仔細。

但是人類是很脆弱的。每天除了調查以外完全沒有其他能做的事。也無法跟人說話。在這樣的情況中，如果當天我聽到調查最後說了「明天我要問關於●●的事」時，那個晚上就會開始思考要怎麼回答。因爲沒有跟其他人說話的機會，在隔天的調查時，有時一不小心就會說出多餘的事。

因爲我能把人的經歷和學歷記得很淸楚，所以如果被問到對自己或是另一個人不利的話題時，我就盡量回答：「我不記得。」或是不回答。但如果是被問到往來的中國人的事，我會忍不住回答：「他是某某大學畢業的。」於是有時「老師」便會說：「你記憶力很好，不可能不記得過去的事。」並繼續追問。

我想調查官實在很有手腕。他們會將對手逼到極限，讓他自白。或者是誘導他做出對自己或中國外交官不利的發言。他們有這樣的技術，應該就是監視居住這種制度下所產生的吧。

雖然這個地方看似很像日本的代用監獄（按：一種日本特有的刑事設施，可以暫時關押拘留者最多達20天，而不是讓拘留者直接進入看守所等設施）。但相比之下，監視居住可以監禁嫌疑人的時間壓倒性地長。監視居住是依據中國刑事訴訟法75條所規定的，但是考慮到中國的人權問題，國際輿論應該也要喚起改變監視居住制度的呼聲才對。

在調查過程中我特別留下印象的，是對於在日本的中國研究問題。老師舉出一些在日本著名的教授們幾年前進行的研究計畫，問我：「這是怎樣的研究？」該研究是接受日本文部科學省的補助，調查中國共產黨的政策決策過程。我回答：「雖然聽過這個研究，但我不清楚詳情。」

結果老師說出了可怕的話。

「他們在研究什麼？不需要進行中國研究。我們都是這麼認爲的。」

這句話中包含了：「要是進行研究的話，我們可不會坐視不管。」的意思。

如此一來，學者就會因爲害怕而不敢前往中國，在我被抓後，2019年，北海道大學的教授在北京被關了大約兩個月，這件事在日本的中國研究學者間引發了相當大的衝擊。住在日本的中國人學者暫時回國的時候，被當局監禁的例子也不少。

502號房裡沒有日曆。但我和監視者的關係也改善到可以問他們：「今天是幾月幾日？」這種簡單對話後，他們願意回答我的程度。

2月7日，我迎來了我的六十歲。沒想到會在這種地方迎來六十歲，到底我的監禁生活要持續到何時呢……到底是什麼讓我的人生變得如此走調的呢？說歸說，我想起父親也常常告訴我：「中國很危險，要往來的話適度就好。」想起這件事，我的胸口就一陣難受。

因間諜嫌疑正式逮捕，從監視居住轉往看守所

幾天後，在一個如往常般的早晨，我被帶到504號房後，之前曾見過一次的男人坐在了之前詢問我的「老師」所坐的椅子上。他穿著制服，是深藍色的襯衫加上領帶，左胸前的徽章上寫著「安全」兩字。我想是國家安全部的警察吧。

旁邊還坐著一名面容端正到令人嚇一跳、30歲左右的女性。女性也穿著同樣顏色的襯衫，但沒有繫領帶，可以看見襯衫下方穿著粉色的毛衣。

男方問了我名字、生日等，但沒有問其他詳細的問題。

我問：「今天不用調查嗎？」

「很快就會再見到你了。」對方只這麼回答。

那天的調查就這樣結束了。

隔天早上，我被告知：「要換地方了。」並再度被戴上了眼罩。我被固定於輪椅上移往電梯，並沒有爲了長距離移動而搭車，所以應該是轉往同場所的其他建築物吧。

我被帶到新建築物地下的偵訊室後，前天還坐在５０４號房的兩名男女正在那裡等待。他們說：「之後會由我們來負責調查你。我們是北京市國家安全局的人。首先要你在這裡簽名。」並出示拘捕令。那裡寫著我違反刑法１１０條的間諜嫌疑而進行拘捕。

「我不想簽。」我反抗道。

「隨你怎麼說。你的言論自由會被保障，要緘默也可以。但是先簽名。以後也一樣，唯有簽名要好好執行。」他們這樣壓迫下，我只好無奈地簽了名。一旁的女人用著冷冷的目光瞪著我。

偵訊開始了。

「你的案件很簡單，所以就老實回答吧。不是什麼需要花太多時間的內容。」發言似乎完全是由男方負責。

我試著詢問：「刑期大約會是幾年？」

「那不是我能決定的。我的職責只有把你送給檢方。」偵訊內容以至今爲止我見面的中國高官的對話內容爲主。

那天結束偵訊後，我便以間諜嫌疑的身份被正式逮捕了。我被告知那天是2017年2月16日。我要開始新一波監禁生活的地方，是隸屬北京市國家安全局的看守所。那是一間專門安置間諜或恐怖份子的看守所。那天，我離開了監視居住生活時居住的、老舊飯店風格的房間。

監視居住時住的是單人房，但在看守所同房的大約會有2、3人。很久沒遇到講話對象，令我不禁雀躍起來。房間跟室友的組合都會定期改變，應該是爲了防止收容人之間關係變好吧。

值得感謝的是窗上沒有窗簾，可以看到天空中掛著冬天的太陽，從雲的縫隙間微微探出頭來，這是我和睽違半年只看過15分鐘的太陽的「再會」。

不符期待的中國律師

人類的心理眞是不可思議。雖然被監禁的現狀沒有改變，但我卻感覺來到了好地方。雖然房間裡有監視攝影機。但監視者只有偶爾會出現。也可以盡情唱石川小百合的歌，我還教了因爲跟俄羅斯有聯繫而被抓的華僑室友唱歌。

被逮捕後，北京市國家安全局的調查次數就明顯減少了。監視居住時期幾乎是每天，但被逮捕後，直到起訴前應該只有五次而已。每次在偵訊後都會讓我看筆錄，而後穿制服的男人便會要求：「簽名。不得拒絕。」

拘捕令那時也是一樣。我想他們是希望能累積對當局有利的陳述吧，我雖然對簽名這件事心裡很抗拒，但也沒有其他選擇。

有一次還有類似這樣的對話。

「你是帶著日本公安調查廳的任務來的吧。也就是披著日中友好人士的皮的間諜。」男人這麼說。

我反駁：「我不是間諜，也沒有接受公安調查廳的什麼任務。」

但是對方接二連三地說下去：「公安調查廳是間諜組織。跟ＣＩＡ是同樣的。」

「你到底在講什麼啊，公安調查廳既不是間諜組織也不是情報組織，跟ＣＩＡ完全不一樣。」我這麼主張，但中國政府好像認定公安調查廳就是間諜機構的樣子。

在看守所進行最一次偵訊時，男人這麼問：「你跟湯先生見面時，有談到朝鮮的話題嗎？」中國人稱北韓爲朝鮮。

在序幕時也有稍微提及，２０１３年12月４日，我和在日本時就有往來的中國外交部高官湯本淵先生在北京聚餐。

我和湯先生的對話是這樣的。日本媒體報導北韓已故金日成主席的女婿張成澤疑似被處刑，我提到這件事後，湯先生回答：「我不知情。」這件事在日本有被報導，之後我應該也沒講什麼重大內容。所以就算被問及跟湯先生的對話，我一時也沒想到。

「是啊，但我想應該沒談到什麼重要的東西吧。」我回溯記憶後，男人便很激動地說：「重不重要不是你說了算。」然後繼續問下去。

雖然我很疑惑，這種事有嚴重到要懷疑是間諜嗎？但同時也有點後悔，或許在監視居住時對「老師」詳細說了此事是個失敗的決定。而當時的擔憂後來成爲了現實。後來起訴書上淸楚寫著以我跟湯先生的對話作爲起訴事由，這件事就後述。

那是２０１７年３月左右的事了。我被叫到偵訊室，接受北京市國家安全局第六次的調查。但那天等待我的是兩名檢察官。我想他們大概是要把我移交給檢察官吧。檢察官也開始了簡單的偵訊。

「你有請律師的自由，要請嗎？」

那是我第一次委任律師，檢察官開始辦法律援助的手續。在日本，要是被逮捕就會自動派任律師，但是在中國，好像在被交給檢察官之前，在很長一段時間的監視居住期間裡都沒有律師協助。這制度簡直可說是冤罪滋生的溫床。

法律援助要委託律師需要經過資格審查。會調查嫌疑人有多少錢，如果是有錢人，就不能使用中國的法律援助制度，以日本說法就是不能雇用公設辯護人。

從那天開始，我接受檢察官的詢問。大概是在第三次左右吧，檢察官跟我說律師已經決定了，也差不多該來了。而那之後的四天後左右，律師終於來了。是一名平頭的魁梧男性，我和律師的對話全都被錄音下來。

這個律師完全無法讓人期待。話是這麼說，但或許中國律師全都是這樣的也說不定。在法庭上的情況留待後述，但開庭前，律師只來過僅僅兩次。我對律師說：「我主張無罪。」而律師卻只回答：「放棄這個主張吧。我們會努力減輕判決的。」

２０１７年5月25日，看守所地下偵訊室來了兩名女性法院書記官，告知我被起訴了。他們給我看承認自己嫌疑的陳述筆錄，我又再度被強制要求：「不能拒絕簽名。」於是我不得不簽了。

起訴事由有以下兩點，①我不僅知道公安調查廳是日本的間諜組織，還接受他們的請託，負責蒐集中國有關情報並提供給他們。②２０１３年12月4日，我在北京市餐廳和中國外交官湯本淵談話時，試圖問出北韓相關情報，並將情報提供給公安調查廳——而這違反了中國刑法第１１０條。

「公安調查廳是日本的間諜組織。」是中國政府單方面的認定，我根本不認爲公安調查廳是間諜組織。確實我認識幾名公安調查廳的職員，但也頂多是吃飯時聊聊中國情勢並交換意見而已。我怎麼可能帶有間諜任務。

我在偵訊時也明確否定了此點並反駁，但是起訴書上卻認定我知道「公安調查廳是日本的間諜組織」，並認爲我是公安調查廳的代理人。

目標是防空識別區（ＡＤＩＺ）的情報來源？

我們稍微把時間往回推一點吧。２０１３年12月４日，我在和湯本淵先生的聚餐中，實際上在場的還有每日新聞社的高塚保政治部副部長（時任）。我和湯先生、高塚先生三人，是從湯先生還是駐日中國大使館的公使銜參贊時，就經常在東京一起吃飯的。湯先生隸屬於大使館政治部，負責日本的國會對策。因此認識很多日本國會議員。

湯先生應該是想要跟高塚先生見面，交換日本政治動向的意見吧。

而高塚先生在２０１３年左右負責外交部分，因此也掌握所有機會向湯先生取材。但是湯先生在該年７月25日已經回中國，進入了中國共產黨中央黨校。12月４日的聚餐，對我和高塚先生來說，感覺都比較像是拜訪老朋友。

和湯先生說到北韓的對話，也只有張成澤疑似被處刑的消息這點而已。如同前述，湯先生的回答只有「我不知情。」湯先生是日本問題的專家，並非北韓專家。我要是想知道北韓情報，應該要問中聯部的朋友（當時是負責包含朝鮮在內的亞洲二局副局長）。2022年10月，我被釋放回國後，我問了高塚先生，高塚先生連有聊到張成澤都完全不記得了。就只是閒聊而已。這種對話情報哪有多到值得被懷疑是間諜了。

張成澤被懷疑遭到處刑，是在我去中國前日本就已經報導的事。監視居住時，老師說：「新華社沒有報導這件事所以違法。」但這說法完全是亂七八糟。

高塚先生當時正負責每日新聞年末開始連載的專欄〈鄰人〉。雖然日本要跟勢力逐漸成長的中國對等往來並不容易，但作爲不可能避開的鄰國，要如何構築良好的兩國關係，這就是專欄的連載內容。

中國在2013年11月23日，突然設定了防空識別區（ADIZ）。ADIZ就是防止外國飛機入侵領空而設置在領空外的空域，由軍隊24小時監視。在國際法上沒有根據，所以範圍和警戒程度是由各國自行決定。日本的ADIZ是美軍在戰後所設定的空域。1969年後也就這樣沿襲下來。若進入防空識別區的可疑飛機，未依據國際民航組織（ＩＣＡＯ）規定加以告知，自衛隊會緊急起飛（Scramble）來加以警告。

中國國防部發表了以下的公告。①飛行的飛機有義務向中國民用航空局而非日本外務省提出飛行計畫，②中方對不聽從指示的飛機會採取防禦措施。——國際上沒有經過ＡＤＩＺ時要對該國當局提出飛行計畫的習慣，以日美韓爲首，歐盟（ＥＵ）等也以「違反飛行自由」強烈批判中國。高塚先生爲了了解ＡＤＩＺ設立的經過而前往中國。

和湯先生的聚餐中，高塚先生也問了ＡＤＩＺ的問題，但是湯先生不是這方面的專家，所以沒得到什麼有用的情報。我想起高塚先生聚餐後說：「也是不太可能從湯先生這裡得到資訊啦。」當時我們喝白酒喝得大醉，在計程車中就睡著了，然後還去了腳底按摩。

2013年12月31日每日新聞／晨報頭版刊登的搶先報導（特集「鄰人」）

即使從日本政府叫來了記者

高塚先生歸國後，在2013年12月31日每日新聞晨報頭版上，刊登了ADIZ的國際搶先報導。中國政府內部也針對報導中提到中國當局要求提出飛行計畫及防禦措施這兩點批評「報導有誤」，並表示有改變的可能性，而國外通訊社也有以「每日新聞的消息」方式引用這件事報導。

我在被監視居住的時期，老師問了我好幾次ADIZ的事，我沒有這麼關心這個議題，所以和湯先生聚餐時，主要都是高塚先生在提問。

我也想到高塚先生要是訪中，會不會也有被抓的危險。而和日本大使館會面時，我每次都拜託他們傳話給高塚先生。我也多少期待著話傳入在報社政治部工作的記者高塚先生耳中，他搞不好會對政治家採取行動，爲釋放我採取什麼作爲也說不定。

結果話並沒有傳給高塚先生。而我拜託大使館傳話的國會議員們也什麼都沒收到。根據高塚先生所說，這個報導的情報來源是不能透露的，當然不是湯先生，好像也不是我認識的中國政府或中國共產黨的相關人士。似乎是高塚先生從舊識那邊得知的消息。我也聽說了這件事，所以當我被抓以後，就覺得高塚先生要是來中國應該也會很危險。

幸好，自從我被抓，高塚先生似乎就再也沒去過中國。日本政府相關的人似乎也私下勸他不要去中國的樣子。

我被起訴的事，每日新聞報導了以下內容。

去年（2016年）7月在北京被中國當局監禁的日中青年交流協會鈴木

英司理事長，根據採訪外務省的結果，已知於今年（2017年）6月（報導原文）在中國被起訴，詳細罪名雖然不明，但有可能是因間諜行為等而適用中國國家安全危害罪。

鈴木於去年7月為了討論研討會等原因而前往北京。其後並未歸國而失去聯絡，已知是被中國當局監控人身自由。今年二月因疑似危害中國國家安全而遭逮捕。另外，菅義偉官房長官在27日記者會上，表示中國已經釋放了今年3月為了開發溫泉而進行地質調查時被拘捕的6名日本人中的4人。中國媒體稱剩下兩人身上帶有包含機密資訊的地圖。

（2017年7月28日每日新聞晚報）

我也將自己被釋放並歸國前，中國給我的起訴書日文全文刊登於此作爲參考。翻成日文後語句可能有點奇怪，但我保留了原文的狀態。只是隱去了公安調查廳的職員名字。（按：此處使用作者鈴木英司先生提供的簡體原文，並以原本的橫排方式呈現，不過原本隱藏的個人資訊維持隱藏）

中华人民共和国

北京市人民检察院第一分院

起　诉　书

京二分检刑诉〔2017〕53号

被告人铃木英司（外文名SUZUKI HIDEJI），男，1957年2月7日出生，日本国公民，护照号码╳╳╳，硕士研究生，案发前系日本国众议院调查局国家基本政策调查室客员调查员、日中青年交流协会理事长、日中协会理事、拓殖大学客员教授、创价大学讲师，出生地日本国茨城县，住╳╳╳。因涉嫌间谍罪，于2016年7月16日被北京市国家安全局监视居住，2017年1月10日被刑事拘留，同年2月16日经本院批准，于同日被逮捕。

被告人铃木英司涉嫌间谍罪一案，由北京市国家安全局侦查终结，于2017年4月14日移送本院审查起诉。本院受理后，于同日已告知被告人有权委托辩护人，依法讯问了被告人，听取了辩护人杨振国的意见，审查了全部案件材料。其间，因案情重大、复杂，延长审查起诉期限一次（自2017年5月15日至5月29日）。

经依法审查查明：

被告人铃木英司于 2010 年至 2016 年间，明知日本法务省公安调查厅关东公安调查局（经国家安全部确认系日本间谍组织）系日本情报机关，仍通过电话通话、短信息、面谈等方式，先后接受该局人员●●●、●●●●、●●●●、●●●●●（经国家安全部确认均系日本间谍组织代理人）等人布置的搜集并提供我相关情报信息的任务，借助其对华友好人士的身份，在中国境内外与中国驻日本大使馆前公使衔参赞汤本渊、驻名古屋总领事馆前总领事葛广彪（均另案处理）等人频繁接触，通过面谈等方式，刺探我对日政策和其他外交政策、高层人士动向、关于钓鱼岛和防空识别圈的政策措施、中朝关系等方面的情报信息，并将所获情报信息提供给●●●等人。其中，被告人铃木英司于 2013 年 12 月 4 日，在北京市朝阳区大郊亭附近的大粥锅餐厅与汤本渊面谈时，从汤本渊处刺探到关于中朝关系的信息并提供给●●●，该信息经国家保密局认定，属于情报。

被告人铃木英司于 2016 年 7 月 15 日被北京市国家安全局查获归案。

认定上述事实的证据如下：

1. 物证：手机等；2. 书证：国家安全部间谍组织及间谍组织代理人确认书、国家保密局关于有关材料的密级鉴定、技术侦查材料等；3. 证人证言：证人汤本渊、葛广彪等人的证言；4. 被告人供述和辩解被告人铃木英司的供述和辩解；5. 鉴定意见：电子数据鉴定书；6. 勘验、检查、辨认、侦查实验等笔录：辨认笔录、搜查笔录。

本院认为，被告人铃木英司接受间谍组织代理人的任务，危害中华人民共和国国家安全，其行为触犯了《中华人民共和国刑法》第一百一十条第（一）项，犯罪事实清楚，证据确实、充分，应当以间谍罪追究被告人铃木英司的刑事责任。根据《中华人民共和国刑事诉讼法》第一百七十二条的规定，提起公诉，请依法判处。

此 致

北京市第二中级人民法院

检察员位 鲁刚

书记员 曲衍东

2017 年 5 月 25 日

（官印：北京市人民检察院第二分院）

附注：

1. 被告人铃木英司现被羁押于北京市国家安全局看守所。

2. 案卷材料和证据 11 册。

3. 证人名单。

4. 扣押物品清单。

扣押物品清单

1. 手机	2 部
2. 记事本	1 个
3. 证件卡	2 张
4. 护照	1 本
5. 名片	若干

上述物品现暂存于北京市国家安全局。

讓人錯愕的開審陳述

２０１７年５月，我遭到起訴，同年８月開始一審。一開審，法官便問我是否認罪：「你遭起訴間諜罪，是否認罪？」我回答：「不認。」並主張無罪。

其後檢察官開始進行開審陳述。也包含了起訴書沒有寫到的中國外交官的證言。檢察官所說的起訴事由我都一一反駁了。

起訴事由之一爲向湯本淵先生問了張成澤的事情。但是湯先生本來就不是北韓專家，而是日本專家。「我如果想知道北朝鮮的事，會問其他外交相關人士或是中聯部的人啊。」我反駁。

公安調查廳是間諜團體，這也是相當重要的起訴事由，但該廳並非間諜組織，這種事在日本國內聽都沒聽過。假設我知道，那我就不會跟該廳職員往來了。當然我也沒有什麼任務在身。如果我接受任務，我的旅費、住宿費應該是由公安調查廳所支付，並且會是他們命令我調查一些事，我答應後要提出報告給他們吧。但是這種事當然完全沒有發生。而且我也當然沒有當間諜的動機。

關於日中關係的部分，我主張自己平常就會聊政治動向的話題，並沒有特別敏感。

檢察官的開審陳述中，有葛廣彪前駐名古屋總領事的證言。根據他的證言，葛先生說：「鈴木總是會問我很多事，關注的問題也跟公安調查廳一樣，但感覺並不像同廳的人那麼專業，感覺像是協助他們的人。」「和他往來到後來，我覺得他的問題是帶有目的性，而非朋友間的閒聊，我也有所覺悟。」

對此，我主張：「葛先生的證言是謊話。」葛先生是我這幾年來的朋友，每個月都會吃一次飯。他太太也是我認識很久的朋友了，每次去北京時，一家人都會招待我一起吃飯。他在當河北省滄州市副市長時，也招待我去該市三次。另外，葛先生擔任駐名古屋總領事後，我們在日本也見了三次。這種人怎麼會說我「感覺是（公安調查廳的）協助者」這種話呢？要是他這麼想，就不可能跟我這麼親近了才對。

葛先生還證言：「見鈴木時，自己只有點頭而已。」我則反駁：「有可能在這種對話狀態下，每次都在日本料理店喝酒到晚上11點嗎？」

我申請葛先生及湯先生當證人。

我反駁後，法官問律師：「你對鈴木這樣的主張有想法嗎？」律師只回答：「沒有。」律師不僅沒有贊同或否定我的主張，連聲援我的表現都沒有。

關於申請證人，律師只說得出：「沒有意見。」律師唯一的主張只有：「鈴木是初犯，罪行也很輕。他也有好好配合偵訊，希望能判輕一點。」

法庭上沒有同步口譯，而是逐步口譯，口譯等級相當糟糕。我擔心自己的主張未能好好被用中文傳達，所以我也好幾次自己用中文發言。從早上十點開庭，原本預計早上就該開完了，但因爲我一一反駁，最後結束時已經是下午四點過後了。

重要的是我明明主張無罪，但是律師卻未主張一樣的事。我第一次見到律師時，就說了我要主張無罪。但是律師卻說：「這是不可能的。如果主張無罪，敗訴時反而罪會更重。這樣沒關係嗎？要是被起訴，不可能無罪的。但是可以讓判決判輕一點，所以認罪比較好。」

他甚至還說：「只要認罪的話，根據法律，可以讓刑期縮短一年左右也說不定。」這是因爲2016年包括北京在內，一部分地區先行實施的一種「認罪認罰從寬制度」（2018年於中國全國施行），我反駁說：「我明明沒做錯事，開什麼玩笑。不需要認罪，我要戰鬥。」律師說：「知道了。」然後便沒再說什麼了。可是律師卻沒在法庭上戰鬥，這就是中國的被告與律師間的關係。

我問看守所的室友們我是否應該道歉。很有趣的是意見分成了不同派。有人說：「鈴木先生，現在還為時不晚，最好道歉。」也有人主張：「不該道歉。」剛好兩人說要道歉，兩人說不應該道歉。

檢察官起訴前說：「在起訴前道歉的話，罪可以減輕。」當時我也說我不道歉。即使道歉了也只是縮短一年刑期而已，我不認為應該為了這種事扭曲事實。這是我的想法。

關於律師什麼都沒做這件事，後來我在看守所的室友，也是前中國最高法院法官也說：「中國律師都是這樣的。」

我也考慮要不要自己雇用律師，但看守所有人告訴我，花了40萬人民幣（當時匯率約820萬日圓）也沒意義，所以我就放棄了。

審理全都是非公開的，而第二次宣告判決為公開宣告。2019年5月21日，宣示判決為有期徒刑6年、沒收5萬元人民幣（匯率約80萬日圓）。但是結果我並未被沒收5萬人民幣。當時我手邊沒有那麼多現金，離國時也沒有被索取。看來跟日本所說的「罰金」好像不是同樣的意思。

判決上寫道：①中國政府認定的「間諜組織」公安調查廳派發「任務」給我，我身負任務蒐集情報並獲得報酬。②2013年12月4日，我在北京跟湯先生聚餐時，向湯先生問了中國跟北朝鮮相關的情報並提供給公安調查廳。③我所提供的內容為「情報」，這是中華人民共和國國家保密局所認定的——主要是這三點。

雖然強調多次，但我不但沒有接受公安調查局派的任務，也沒有拿取報酬。判決書上沒有提到所謂的「情報」是指什麼。但八成就是指和北韓張成澤相關的對話吧。這個要說是「應謹慎對待的話題，並且違法」（老師在偵訊時是這麼說的），只能說實在是令人噴飯。

判決書雖然說：「情節輕微。」但不要說輕微了，討論公開情報到底哪裡犯間諜罪了，還被處以6年有期徒刑。我實在覺得很可笑。

「情報」到底是指什麼，當時的我完全不明白。之後在看守所遇到的中國人詳細告訴了我，這就有待後述。

公安調查廳裡有中國間諜

被起訴後，我與日本大使館領事部長的會面不是在看守所，而是在法院進行。在一審初次判決後的某天，我搭上開往法院的囚車後，對側坐著一名類似中國人的人。說是囚車，也只是小型廂型車，我和對面坐著的人膝蓋間只有50公分左右的距離。當時是新冠肺炎盛行的期間，男人跟我都戴了口罩。

男人在塑膠袋裡裝了餅乾和糖果。我不知道能做這種事，所以想說他可能是已經被羈押很久的「前輩」。

那個前輩緩緩拿下口罩時，我都要懷疑自己眼睛了，我也拿下口罩，喊出：「湯先生！」對方也大喊：「鈴木先生！」坐在對面的竟然就是那個湯本淵先生。

我們用都帶著手銬的手握了握手。我忍不住問出：「這到底是怎麼回事？」這麼傻的問題。我知道湯先生被監禁，我是從同一個看守所的人們那邊聽說，湯先生也在同一個看守所。還聽說湯先生經常寫信給法院，看守所時常換房間，所以有人曾經跟湯先生同房。但我想都沒想過我們竟然會坐上同一台囚車。

湯先生問我：「你什麼時候來的？」「囚犯編號是幾號？」我們的對話持續著。竟然會有這種事？竟然偶然在囚車中跟湯先生重逢。簡直像是電影情節。

湯先生的囚犯編號比我還要前面很多。也就是說在比我還要早很多的時間點就被監禁了。湯先生似乎不知道我被抓了，在前往法院的20分鐘左右的時間裡，他說了這些話。

「中國有秘密警察。這非常可怕，請你回到日本後一定要公諸於世，因爲有秘密警察在，所以我們才會像這樣被抓。」

秘密警察指的就是中國的國家安全部。

「他們啊，就是中國的間諜啦。秘密警察在中國有極大權力，這是個大問題。」

他非常生氣。

我問湯先生：「你寫了信給法院嗎？」

「所以今天才被叫去法院啊。是想確認我信上的內容吧。」湯先生這麼說，在日本被告是不可能寫信給法官的吧，但是在中國好像很稀鬆平常。

我們到法院後，就像被關在動物籠那樣，各自被帶進了個別的等待空間。法院有幾個等待室，湯先生先被帶進了一間空的，他帶著的餅乾則經由警官交給了我。

湯先生說：「我們用日文講話吧。」並向我搭話。我們沒有講什麼重要的事。都是些日中友好團體幹部的消息及看守所的食物的話，還有日本首相相關之類的，都是些被聽到也沒關係的、不要緊的話題。

我們回程的囚車也是一起的。我問：「和法官的對話怎麼樣？」湯先生說：「是個好機會。」

重要的是湯先生接下來的話。

「日本的公安調查廳裡有不得了的間諜。不是普通間諜，是相當厲害的角色。我和公安調查廳說的話完全被洩露給中國了。非常可怕。」

我雖然沒辦法問湯先生跟公安調查局到底是怎樣的關係，但我說了：「我被他們要求看了幾張公安調查廳職員的照片。」

然後湯先生小聲說：「這種程度的事他們是一定會做的。請你回日本後，一定要公開讓大眾知道。」

偵訊時被問到的公安調查廳職員照片

這麼說來我也確實覺得很奇怪。偵訊時他們大概給我看了20張左右的公安調查廳職員照片，都是只剪下一部分的身份證明影本。公安調查廳的文字雖然被消除了，但都是同樣格式，所以一定是同廳的身份證明才對。也就是說，他們讓我看同單位附照片的身份證明文件，一一問我：「你知道這個人嗎？」並要求我確認。

爲什麼中國國家安全部的人會有日本公安調查廳職員的身份證明影本呢？除了推測是公安調查廳的誰提供給中國方，沒有其他可能了吧？湯本淵先生恐怕也被要求看了公安調查廳職員的身份證明吧。就像湯先生說的，公安調查廳的內部資訊是不是已經完全洩露給中國了？說是厲害間諜，他會是什麼等級呢？這個間諜現在還在日本活動嗎？我至今也還是抱有很強烈的疑問。

關於安全部的目的，湯先生這麼說道。

「你也被問了很多（某中國外交官的事）吧？他們的目標應該是他（該外交官）才對。他們也問我很多關於這個人的事。中國現在將進行外交活動的人都視爲眼中釘。像外交部啊、中聯部啊，都接二連三被逮捕了。」

他甚至還這麼說。

「要讓鈴木先生回國需要政治的力量介入。也得讓大使館多努力一點才行。總之請加油。我的事現在還不要對大家說，但等你回到日本後，請把現狀散播出去。中國這種狀況絕對不是好事，請你回日本後公開出來。」

湯先生的拚命完全傳達給我了。

湯先生被起訴的案件似乎不是因爲跟我的對話，而是其他事情。只要看我一審判決的文字，就知道湯先生完全沒有說出對我不利的發言。

和我關係最好的中國人之一就是湯先生。現在，湯先生不知道怎麼樣了？回國後，我在中國的新聞網站上搜尋，但沒有湯先生被起訴的情報。在中國，間諜罪從逮捕、起訴、開庭全都是非公開的。被視爲間諜罪的駐愛爾蘭中國大使（王毅外交部長擔任駐日中國大使時的秘書）在一審被判死刑。二審通常不會推翻一審判決，恐怕最後就是死刑了吧。看守所裡流傳著這樣的傳聞。

比死刑輕一點的好像是死刑緩刑兩年。「緩刑」就是還有執行的猶豫空間，所以如果兩年內有好好改過，就可能減刑為無期徒刑。但是根據中國刑法，國家公務員的量刑會更重。所以可能也不會有緩刑兩年。湯先生現狀如何，我完全無從得知。只能期待不會變成最糟的事態……現在一想起湯先生，我還是覺得很悲傷。

我的想法沒有順利傳達給法院

我模彷湯本淵先生，也用中文寫了六封信給法官。寫完中文信後，我請看守所同房的中國人幫我修改。信的內容是一一反駁檢察官在初審判決時所朗讀的「事實」。

我寫了如：葛廣彪前駐名古屋總領事雖然證言我是間諜，但那是謊言。湯先生是日本專家，我很清楚問他北韓的事沒用，要是我想知道北韓的事，我會問中聯部幹部的其他朋友。另外，我和湯先生隨時可以見面，也沒必要在２０１３年12月見他。是因為每日新聞的高塚保先生想見他，所以才一起去的，如果高塚先生沒提這件事，我們就不會見到面吧。所以我本來就不是抱著間諜的目的去見湯先生，那只是個普通的飲酒聚會而已。當天我受到湯先生招待，如果我是間諜的話，才不會接受招待。

而從公安調查廳接受任務的觀點，我也一一反駁了。我完全沒有接受該廳拜託的工作、沒讓他們幫我支付旅費或住宿費、而且我得向他們提供情報才能成立這份工作，但我別說被委託了，包括支付旅費、付住宿錢跟提供情報，我一項都沒做。

而且我也要求傳喚葛先生、湯先生當證人，還有２０１３年12月時日本媒體報導張成澤事件的新聞報導作爲證據，可是因爲新聞報導沒有獲得日本外務省的許可，所以日本大使館沒有準備。

信好像成功寄到法院了，我也寫了中文信給駐中國的日本大使，但這次好像就沒寄到。只是我寄給法官的信沒有任何作用，一審的有罪判決還是如前面所述的那樣。中國爲二審制，我不服一審判決而上訴，但是２０２０年11月9日被否決，確定爲6年有期徒刑。判決上寫著「危害中國國家安全」。

二審去法院時，因爲新冠肺炎的預防政策，我不只是戴口罩，還被迫戴上護目鏡及上下白色的塑膠防護服，鞋子外也有罩塑膠套，雖然說是沒辦法的事，但對身體造成的負荷很重。

判決書上表明我雖然否認，但在筆錄及辯白書上都已經認罪了。而我這才知道，要我在調查報告上簽名是這個用意。也就是說，不管我被安全部警察或檢察官偵訊時再怎麼否認，他們在筆錄、調查報告上寫的卻不是那麼回事，而且只要我簽名了，那就變成了「事實」。他們不讓我拒絕簽名的理由就在這裡。

如前所述，二審在2020年11月9日公開宣示判決。我的主張被否決，確定為6年有期徒刑。日本是在隔年才報導此事。每日新聞於2021年1月14日使用共同通訊進行報導。報導內容如下述。

日本人兩名確定判刑，中國否決間諜罪上訴

兩名在中國被判間諜罪的日本人不服一審判決而進行上訴，但去年於北京各自開庭後，12日透過日本政府關係人士消息，得知兩件都已遭到否決。由於中國是二審制，所以已經確定判刑。

被否決的是於2019年遭判有期徒刑六年的日中青年交流協會鈴木英司理事長，以及於2018年判處有期徒刑12年的札幌市男性。兩件都遭北京市高級人民法院（高院）否決。他們到底是因為怎樣的行為而被問罪，以及上訴判決的詳細內容，目前仍然不明。

鈴木於16年時為了舉辦研討會，前往北京討論相關事宜時被監禁。他時不時會為了植樹活動而前往中國，也受過中方表揚。和共產黨對外交流單位、中央委員會對外聯絡部也有交流。

札幌市男性於15年被監禁。過去曾在航空公司上班，據說也以顧問身份往返於日本和中國。

中國於2014年後就制定「反間諜法」及「國家安全法」，嚴格監視外國人。15年後至今已以間諜行為名義監禁了15名日本人，包含這次被否決上訴的兩人在內，至少有9人遭起訴，被判3～15年的有期徒刑。一人已結束刑期並於去年歸國。

2021年1月14日每日新聞晨報（共同通訊社）

另一位「日本間諜」

爲了和領事會面，我在從看守所移往法院的囚車中跟湯本淵先生再會，如同前述。而我在車內也見過其他日本人。就是前面該份報導中所說的札幌市男性。他幾乎不會說中文，頭髮很少，長得瘦瘦高高的。

我們也一起坐上回看守所的囚車，我們互相自我介紹，並對彼此發誓：「一起努力吧。」「要加油。」之後也好幾次坐上同一部囚車，我在二審後到移送監獄之前的25天裡，我們在看守所同房。

他很了解日本史，經常講薩摩藩的故事。他是鹿兒島縣出身，所以好像很崇拜島津齊彬的樣子（按：薩摩藩正式名稱爲鹿兒島藩，位於當今鹿兒島縣位置，島津齊彬爲統治並帶領薩摩藩富強的近代歷史人物）。

我們談到日中關係，他說到回國後想要推動北海道跟中國的經濟協助，我忍不住回問：「你之後也還想要從事跟中國的交流嗎？我們可是被當成間諜喔。回日本後就不會被允許再踏進中國了，中方也不會理我們吧。」但對方斷定「不會的。」

讓我留下深刻印象。

他說：「我應該會無罪才對。」同時也主張會被控訴間諜罪嫌疑「是爲了切斷公安調查廳跟我們的關聯」。他到底跟公安調查局有什麼關係，我那時還完全不知道。

但是我回國後，曾跟某個公安調查局前幹部（日中協會的老成員）提到他，這才知道在那位前幹部擔任會長的團體，他是理事長。所以他和前幹部之間應該有一定程度的往來吧。前幹部認爲他是相當厲害的中國通，他也說自己是創價學會大人物的「親信」，也說過和公明黨（按：日本政黨之一，和創價學會親近）幹部關係很親近。雖然我並不知道眞僞。

在看守所時，他說：「如果我無罪，那鈴木應該就是有期徒刑3年。如果我3年，那你就是6年。」看來對自己和中國的關係相當有自信吧。他甚至說了：「我如果先回國，會努力幫助救出鈴木的，大使館他們根本不知道怎麼救人。」

但是，他是當自己一人在中國時連搭計程車都沒辦法的人。幾乎不會說中文。對中國局勢也完全不了解。這種人到底是怎樣的中國通，我對此抱持懷疑。另外我也不認爲他這樣可以當間諜。但是他的判決卻比我重了一倍，是12年刑期。不可思議的是開庭還在同一天。中國好像會把類似案件安排在同一天審理，在我一審判決日時，好像在大連也有同樣案件的同樣判決。我至今難以忘懷，我們被移送到監獄的途中，他恍惚低語著：「我果然有罪。」時的表情。

我要求在監獄時希望兩人在同一樓層。因爲不同樓層就沒有碰到面的機會了。他不會說中文，在看守所時連吃飯跟買東西都很困難，當時我很常幫他。結果監獄把我安排在2樓，而他在3樓我正上方的房間。

因爲去戶外運動的時間是以樓層爲單位，誰先去了運動場就會發出「喂～～」的聲音搭話。我們也曾經透過其他人交換，寫了簡單訊息的信。

大概在2021年5月左右吧，他說：「胃很痛。」而住院了。約1個月後，他瘦了很多回來，我問他「沒事吧？」他回我：「沒事沒事。」但那就是我最後一次看到他了。

他過去是在日本航空上班，太太以前是空姐的樣子。「她很聰明，我在家裡什麼都不用做，長得眞的非常漂亮。」我想起他十分驕傲的樣子。我問了同爲3樓的受刑人，聽說：「他死前說好想吃最喜歡的餃子。」

根據後來我所聽說的，日本政府在2022年2月17日收到中方聯絡，表示男性已死亡。

回國後，我聽說了這樣的說法。在中國被因間諜罪入獄的日本人，許多都是跟公安調查廳有關聯的人物，中國可能是想要擊潰公安調查廳的情報途徑。之前也有提過，我跟該廳也有交集，曾跟職員吃過飯，但我一次也沒有接受任務並提供情報給該廳過。而且當然也沒有爲此拿過報酬。

他如果在前公安調查廳幹部擔任會長的團體裡當理事長，那可能也和公安調查廳有某種程度的關係也說不定。我雖不清楚他到底進行了怎樣的活動，但是中國方面監禁跟公安調查廳有關係的人，想要阻斷這些途徑的猜測，我倒是很理解。而且在公安調查廳裡，還有幫助這些事的「厲害間諜」潛伏著才對。

我的二審判決翻譯全文，會刊登在本節最後。但是還請讀者們理解，上面寫的絕不是事實。雖然我強調過多次，但我不認爲公安調查廳是間諜組織，不如說我也無從判斷是否爲間諜組織。如果沒接受該廳的「任務」，那當然也不會獲得報酬。

一切都是國家安全部爲了便宜行事，累積了謊言後所認定的事實。我再三強調，這完全是不當的判決。二審判決譯文跟起訴書一樣有不自然的語法，但我會以原文爲主。而這裡我也隱去了公安調查廳職員的名字，還請仔細感受我的主張跟判決有何不同。（按：二審判決書處理方式同前面的起訴書）。

中华人民共和国

北京市高级人民法院

刑事裁定书

（2019）京刑终 111 号

原公诉机关中华人民共和国北京市人民检察院第二分院。

上诉人（原审被告人）铃木英司（英文名：SUZUKI HIDEJI），男，63 岁（1957 年 2 月 7 日出生），日本国国籍，硕士研究生，护照号码╳╳╳，日本国众议院调查局国家基本政策调查室客员调查员、日中青年交流协会理事长、日中协会理事、拓殖大学客员教授、创价大学讲师，住╳╳╳；因涉嫌犯间谍罪于 2016 年 7 月 15 日被中华人民共和国北京市国家安全局拘传，次日被指定居所监视居住，2017 年 1 月 10 日被刑事拘留，2017 年 2 月 16 日被逮捕；现羁押在中华人民共和国北京市国家安全局看守所。

指定辩护人李春华，中华人民共和国北京市中淇律师事务所律师。

中华人民共和国北京市第二中级人民法院审理中华

人民共和国北京市人民检察院第二分院指控原审被告人铃木英司犯间谍罪一案，于二〇一九年五月二十一日作出（2017）京 02 刑初 75 号刑事判决。在法定期限内，原审被告人铃木英司不服，提出上诉。本院依法组成合议庭，因涉及国家秘密，依法不公开开庭进行了审理。中华人民共和国北京市人民检察院指派检察员高宏伟出庭履行职务。上诉人铃木英司及其指定辩护人李春华到庭参加诉讼。中华人民共和国北京市外文翻译服务有限公司职员侯雪担任本案日语翻译。现已审理终结。

中华人民共和国北京市第二中级人民法院判决认定：

2010 年至 2016 年间，铃木英司在明知日本法务省公安调查厅关东公安调查局系日本情报机关的情况下，仍通过电话通话、短信息、面谈等方式，先后接受该局人员●●●、●●●●、●●●●、●●●●●等人布置的搜集并提供我国相关情报信息的任务。铃木英司借助其对华友好人士的身份，在中国境内外与中国驻日本大使馆前公使衔参赞汤本渊、驻名古屋总领事馆前总领事葛广彪等人频繁接触，通过面谈等方式，刺探我对日政策和其他外交政策、高层人士动向、关于钓鱼岛和防空识别圈的政策措施、中朝关系等方面的情报信息，并将所获情报信息提供给●●●等人。其中，2013 年 12 月 4 日，铃木英司与汤本渊在中华人民共和国北京市朝阳区大郊亭附近的大粥锅餐厅面谈时，从汤本渊处刺探到关于中朝关系的信息，后提供给[redacted]，该信息经中华人民共和国国家保密局认定，属于情报。

铃木英司于 2016 年 7 月 15 日被中华人民共和国北京市国家安全局查获归案。

中华人民共和国北京市第二中级人民法院认定上述事实的证据有：

1. 铃木英司供述、亲笔供词及辨认笔录证明：1997 年至 2003 年我曾在中国的几所大学任教。2010 年 8 月，我担任日中青年交流协会理事长，在此期间还担任创价大学及拓殖大学客座教授。2016 年 6 月，我担任日本众议院客座调查员。

日本公安调查厅隶属于日本法务省，属于情报机关之一，与我相关的工作是调查分析各国形势向上级法务省和内阁进行汇报。公调厅与我交往的人员都是负责中国方向情报搜集的。[redacted]、[redacted]、[redacted]、[redacted]是情报机关人员，他们与我接触是布置任务，让我有针对性地去了解有关中国的情报资料。我不是都按照他们的要求去搜集，但也确实向公调厅汇报了从中国关系人那里得到的关于中国的情报信息。[redacted]等人让我去了解中国的内政，包括高层人事变动（外交部人事、大使馆人事、共产党的人事变动）、中朝关系、台湾问题、维吾尔问题；中日关系，包括领土问题、钓鱼岛和防空识别圈问题、村山谈话、9·3 大阅兵、安倍谈话；国际时政热点问题。

2010 年 6 月，我与公调厅的●●●相识，他的助手是●●。我与●●接触的时间是 2010 年 6 月至 2014 年 4 月，与●●●接触的时间是 2010 年 6 月至 2014 年底。我与●●接触的时间是 2014 年 12 月至 2016 年 3 月，2016 年 3 月开始与●●●接触。●●●等人通过打电话、发短信具体指示、见面约谈等方式向我布置任务，尤其是我在来华之前。●●●和●●带领我的时候，我是通过手机电话和短信的形式报告情报。2014 年上半年，●●●曾嘱咐我通话或短信联系不安全，所以我就改成回国后当面向他们汇报，其他人基本上都是我回国后通过电话向他们汇报。●●●、●●、●●、●●●会给我报酬，每次收到酬金的时候，都会要求我手写一张收据，以我自己名字签收。

我接触过驻日大使馆的汤本渊（原驻日大使馆公使衔参赞）、驻名古屋总领事葛广彪等人。我和汤本渊接触过程中得到最多的信息是有关中日关系的，特别是钓鱼岛等领土问题，还有中国高层人事变动，日本政治家访华，2011 年日本福岛地震，共青团人事变动情况。我会单独向●●●打电话汇报，也会在和●●●和●●●●见面时向他们汇报，●●●●也会在见面后再致电询问。2013年11月底或12月初，我和高冢（即高冢保）一同来北京，第二天与汤本渊一起吃饭。高冢问了汤本渊有关中朝关系的问题，汤本渊做了解答。葛广彪是负责日本政党的担当，我们会讨论对国会各政党的看法、中日关系、中国领导访日及日本政治家访华的情况。我从葛广彪处了解过中国领土问题，中国外交部人事变动问题，朝鲜问题，主要集中在中日关系方面。从葛广彪处了解的情报，我基本上是通过电话向●●●汇报，和●●也有少量电话联系。

经铃木英司对10张不同日本籍男性正面免冠照片进行辨认，确认4号照片中的人（即●●●）是曾任日本法务省关东公安调查局调查官的●●●；对10张不同日本籍男性正面免冠照片进行辨认，确认7号照片中的人（即●●●●）是曾任日本法务省关东公安调查局调查官的●●；对10张不同日本籍男性正面免冠照片进行辨认，确认8号照片中的人（即●●●●）是曾任日本法务省关东公安调查局调查官的●●；对10张不同日本籍男性正面免冠照片进行辨认，确认2号照片中的人（即●●●●●）是担任日本法务省关东公安调查局调查官的●●●。

经铃木英司对10张不同中国籍男性正面免冠照片进行辨认，确认2号照片中的人（即汤本渊）是曾在中国外交部工作的汤本渊；对10张不同中国籍男性正面免冠照片进行辨认，确认7号照片中的人（即葛广彪）是中国驻名古屋总领事葛广彪。

2. 证人汤本渊证言证明：我和铃木英司多年前就认识，一直有来往。2009年我去驻日本使馆工作（任职公使衔参赞）之后，经常和铃木英司见面，离任后和他见过4次面。2013年12月上旬，铃木英司打电话称每日新闻的高冢（即高冢保）与其一同来京，希望与我见面，约在我家附近的大粥锅餐厅共进晚餐。我们3人谈论了一些话题，高冢问的比较多。一是防空识别圈问题；二是安倍经济学与李克强经济学的PK；三是关于涉岛争端走势问题；四是针对钓鱼岛今后的走向；五是关于周永康的问题；六是关于朝鲜问题。我讲了一些内容。我一直把铃木英司当老朋友，他向我了解情况会告诉他，现在才知道他也为日本情报机构服务。

3. 证人李洋证言证明：我于2009年3月至2013年7月在中国驻日本大使馆（任职科员、随员）工作，当时我的上司汤本渊是国会组负责人。我们主要是和日本国会议员见面沟通，我会陪他一起去了解情况，这是我们的职责范围。我还陪他见过日本海外青年交流协会的铃木英司。我和汤本渊每次见完人，都要写一些情况汇报，在使馆的内部网络上留存。

4. 证人葛广彪证言证明：我很早就认识铃木英司，后我于 2014 年 1 月到名古屋任职总领事。我感觉他是公调厅的协力者，因为他与我接触总是问东问西，关注的问题也都跟公调厅的人关注的相同，但他没有公调厅的人那么职业。接触后期我其实有意识了，感觉他的问题比较带有目的性，不像是朋友间的闲聊天。2008 年下半年开始一直到我从东京调任回国期间，我跟铃木英司平均每月见一次面。他问问题时总会把答案说出来，只让我答是或不是，或者会说完一件事后直接就说"是这样吧"。我跟铃木英司说过的话题很多，所有中日关系及热点都会涉及到，还问过我关于朝鲜半岛的问题，聊到过中国驻韩国大使等。

5. 接受刑事案件登记表、立案决定书、到案经过、拘传证、监视居住决定书（指定居所）、拘留证、逮捕证证明：中华人民共和国北京市国家安全局根据线索于 2010 年 3 月 29 日以间谍罪对铃木英司开展立案侦查。2016 年 7 月 15 日 15 时许，在首都国际机场 T3 航站楼对铃木英司进行拘传，次日决定对其指定居所监视居住，2017 年 1 月 10 日对其刑事拘留，2017 年 2 月 16 日对其逮捕。

6. 搜查证、搜查笔录，查封／扣押财物、文件清单证明：中华人民共和国北京市国家安全局侦查员对铃木英司人身及随身行李物品进行搜查，发现并扣押手机 2 部（DOCOMO，含 SIM 卡；SAMSUNG，含 SIM 卡），磁卡 1 张（“创价大学”出入证）、名片若干（“众议院调查局客员调查员”“日中青年交流协会理事长”“●●●”），记事本 1 个（黑色“DIARY 2016”）、证件磁卡 1 张，护照 1 本（铃木英司）等。

7. 中华人民共和国北京市国家安全局司法鉴定中心出具的电子数据鉴定书证明：经对从铃木英司处搜查扣押的 SAMSUNG 牌灰色翻盖手机、DOCOMO 牌黑色翻盖手机进行鉴定，检出与案件相关的信息、数据的情况。其中，SAMSUNG 手机中包含●●●、汤本渊与铃木英司的通联短信。DOCOMO 手机中包含●●●、●●●、葛广彪与铃木英司的通联短信。针对上述短信内容，铃木英司予以书面确认，当庭亦无异议。

8. 从铃木英司处搜查扣押的“DIARY 2016”黑色记事本证明：2016 年 2 月至 7 月，铃木英司与●●●●、●●●●●、●●●见面的日程安排，铃木英司对相关内容予以书面确认。

9. 中华人民共和国国家安全部出具的间谍组织确认书

证明：经国家安全部依法确认，日本法务省公安调查厅关东公安调查局系日本间谍组织。

10. 中华人民共和国国家安全部出具的间谍组织代理人确认书证明：经国家安全部依法确认，●●●、●●●●、●●●●、●●●●●，均系日本法务省公安调查厅关东公安调查局工作人员，系日本间谍组织代理人。

11. 中华人民共和国国家保密局出具的国家秘密鉴定书证明：汤本渊向高冢保、铃木英司提供的有关“中朝关系”的内容，为尚未公开的事项，如向境外非法提供，属于刑法第一百一十一条规定的情报。

12. 中华人民共和国北京市国家安全局调取的出入境记录证明：铃木英司多次出入中国国境的情况。其中，2013 年 12 月铃木英司有 2 次出入境记录。

13. 护照、证件磁卡复印件等证明铃木英司的身份情况。

根据上述事实和证据，中华人民共和国北京市第二中级人民法院认为，铃木英司接受日本伺谍组织代理人的任务，长期搜集并提供我国国家情报，危害我国国家安全，其行为已构成间谍罪，且属于情节较轻，依法应予惩处。中华人民共和国北京市人民检察院第二分院指控铃木英司犯间谍罪的事实清楚，证据确实充分，指控的罪名成立。故认定铃木英司犯间谍罪，判处有期徒刑六年，并处没收个人财产人民币五万元；驱逐出境；未随案移送物品，由扣押机关依法处理。

铃木英司上诉提出：其事先不明知日本公调厅是间谍组织，没有接受公调厅人员的任务，没有收取报酬；与中方人员接触过程中没有搜集情报信息，不构成间谍罪。

铃木英司的指定辩护人的辩护意见为：对铃木英司构成间谍罪不持异议，但认为铃木英司犯罪情节较轻，在侦查过程中如实供述自己的犯罪行为，提供了向其非法泄露国家秘密的人员情况，建议对铃木英司从轻处罚。

中华人民共和国北京市人民检察院检察员出庭发表的意见为：原审判决认定铃木英司犯间谍罪的事实清楚，证据确实充分，本案证据系侦查机关依法取得，与案件具有关联性，具有证明效力，且各证据之间能够相互印证，已经形成完整的证据链条，足以证明铃木英司实施了间谍犯罪行为，危害中国国家安全。原审判决定性准确，量刑适当，审判程序合法。铃木英司明知日本法务省公安调查厅系日本情报机关，仍接受日本国间谍组织代理人的任务，长期搜集并向间谍组织代理人提供我国相关情报信息，危害我国国家安全，构成间谍罪。原审判决已充分考虑其犯间谍罪属于情节较轻，对其量刑适当。铃木英司所提上诉理由没有事实及法律依据，不能成立，建议二审法院驳回铃木英司的上诉，维持原判。

中华人民共和国北京市第二中级人民法院在判决书中列举的认定本案事实的证据经庭审质证属实后确认。在本院审理期间，上诉人铃木英司及其指定辩护人均未提交新的证据。本院对一审判决书认定的证据经审核予以确认。本院经审理查明，一审判决书认定铃木英司犯间谍罪的事实清楚，证据确实、充分。

对于铃木英司所提上诉理由，经查，证人葛广彪的证言证明铃木英司是日本公调厅的协力者，所问问题带有目的性，涉及中日关系及热点问题；铃木英司在侦查阶段的多次供述及亲笔供词，对明知日本公调厅具有情报机关性质，[redacted]等人具有情报人员身份，仍接受其布置的任务，长期搜集我国情报信息并收取酬金的事实予以供认。故铃木英司关于其不构成间谍罪的上诉理由，不能成立。

本院认为，上诉人铃木英司接受间谍组织代理人的任务，长期搜集我国国家情报，危害我国国家安全，其行为已构成间谍罪，属于情节较轻，依法应予惩处。经查，铃木英司的上诉理由，不能成立，应予驳回。铃木英司的指定辩护人建议对铃木英司从轻处罚的理由不充分，本院不予采纳。中华人民共和国北京市人民检察院建议驳回铃木英司的上诉，维持原判的出庭意见，理由充分，应予采纳。中华人民共和国北京市第二中级人民法院根据铃木英司犯罪的事实、犯罪的性质、情节和对于社会的危害程度所作的判决，定罪及适用法律正确，量刑和对未随案移送物品的处理适当，审判程序合法，应予维持。据此，本院依照《中华人民共和国刑事诉讼法》第二百三十六条第一款第（一）项的规定，裁定如下：

驳回铃木英司的上诉，维持原判。

本裁定为终审裁定。

审　判　长　　肖江峰

审　判　员　　闫颖

审　判　员　　孙伟

二〇二〇年十一月九日

（官印：北京市高級人民法院）

书　记　员　　戈平

第三章

瀰漫中國社會腐敗的監獄生活

只有一個廁所，先搶先贏

初次公開宣示判決時，我有了新的發現。移動到法庭時，負責監視囚車的法院職員做事並不嚴謹。即使我掀開眼罩也沒有被關切。

建築物腹地的出入口門柱上寫著北京市豐台區的地址。我在被關超過了一年之後，終於知道自己身在哪裡了。腹地全都是北京市國家安全局的設施，我最初被「監視居住」的建築物及看守所位於同個腹地內。

看守所牢房是並排六張床組的六人房，如果住滿會很狹窄，而四人使用就很充裕。

但讓人困擾的是廁所，監視居住是住在類似飯店單人房那樣的地方，廁所也是西式。但看守所的通鋪只有一個和式馬桶，而且廁所牆壁還是玻璃的，從外面可以完全看到裡面。要面對房間方向上廁所，我一開始還相當牴觸，但很快就習慣了。

雖然習慣了別人在旁邊還能上廁所，但令人困擾的是廁所只有一間。早上是先搶先贏，我大多是早上十點要去運動前時上廁所。

筆者所生活的看守所房間平面圖

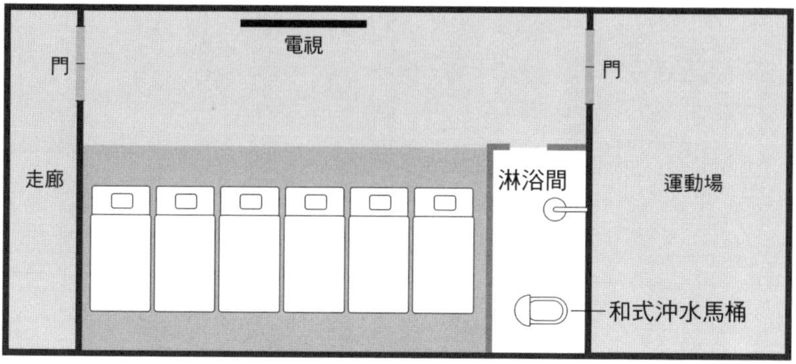

- 可收容六人，但大都是四人居住。
- 有各自的收納箱，可以保管食物等。
- 浴室牆壁為玻璃，可以完全看到使用者的樣子。

我們一週會輪一次打掃廁所，在用旁邊的蓮蓬頭洗澡時，順便也清洗馬桶跟隔間的玻璃。每週六下午可以洗澡，雖然過著很不方便的生活，但不知不覺就習慣了，眞是不可思議。

在看守所接二連三聽到的錯愕事實

看守所裡有被中國共產黨中央紀律檢查委員會稱爲「腐敗份子」（有收受賄賂及侵占嫌疑的高級官員）而遭逮捕、起訴的中國人，也有因間諜嫌疑被逮捕的中國人。像這樣中國人跟外國人同房的情況很多。

外國人全都是因國家安全部相關的嫌疑而被逮捕的人，當時聽說日本人包含我在內有兩人，加拿大人３人，英國人１人，澳洲人１人。後來我見到的只有日本人。被拘留的人之間會互相交換情報，所以應該是沒有錯的。

因間諜嫌疑被逮捕的中國人有外交官、國家安全部成員、警察、醫師、飛機研究員、上班族。

看守所時期偵訊次數較少，所以我也可以和各種人交流。

被視爲恐怖份子而帶進來的新疆維吾爾自治區的大學生，住了兩晚就突然消失了。跟那個大學生同房期間，我和同房者的行李檢查都變得異常嚴格。我也曾和另一名年輕新疆人同房，但那個年輕人也是過了一晚就被帶走了。他們現在人在哪裡呢，這實在令人在意。

不停變動的同房室友可說相當「人才濟濟」。北京市政府的前副局長仔細跟我說了中國的行政運作。

也有前奧運選手候補的游泳選手。他說自己年少時因爲參加比賽去過三次日本，他似乎是在軍事情報機構升上少尉後，轉往國家安全部。其後在澳門的公司當上社長，但那只是表面的身份，實際上是從事間諜活動。

他在澳門以社長身份活動時，和美國中央情報局（ＣＩＡ）之間的關係被認爲有問題。聽說他收了ＣＩＡ的錢並提供中國的情報，也就是所謂的雙面間諜吧。他也因此被視爲美國的協助者並因間諜罪被逮捕。

他的發言中令我最驚訝的是：「開到釣魚台周邊的所有漁船上都有軍人。我曾待過軍隊，所以我很清楚。」漁船的船員們雖然曾經被稱爲武裝漁民，但沒想到還眞的有軍人在船上。

我所知道的中國，過去不是這麼有侵略性的國家。**鄧小平主張的「擱置爭議」**[7]

7　鄧小平的「擱置爭議」：1978年日中首腦會議中，中國的鄧小平副總理（時任）針對釣魚台表示：「我們這一代人智慧不夠，我們下一代人總比我們聰明，總會找到一個大家都能接受的好辦法來解決這個問題。在釣魚島問題上要以大局爲重。」日本方面也同意這點。但是中國之後主張了釣魚台的領土權，因此日本政府認爲不存在「擱置爭議共識」，釣魚台爲日本固有領土，本身沒有任何領土問題。

究竟去哪了？在領土問題方面，中國政府只會對俄羅斯讓步過，至於其他領土，即使要花上一些時間，中國也打算強硬推行自己的主張，因此在國界線上有各種紛爭。但是我認爲過去的中國應對更冷靜一點。是因爲中國成爲了經濟大國，有自信了嗎？中國究竟是從什麼時候開始變了呢——。

前法官王林清，究竟爲何被捲入事件中

在看守所跟我同房的中國最高人民法院（相當於日本的最高裁判所）前法官王林清，也告訴我中國法律及中國國內政治、共產黨政策決策體系的知識。王先生跟我大約有六個月都是同房，那段時間裡我學到了很多。和中國最高法院的法官一起關在看守所的同個牢房裡，這種事我根本未曾想過。王先生的話中，跟我有切身相關、我也相當有興趣的是關於國家機密的說明。

「中國國家保密局會判斷資訊爲『情報』、『秘密』、『機密』、『極秘』四個等級。只要有四個『情報』就會變成『秘密』，四個『秘密』就會變成『機密』，

四個『機密』就會變成『極秘』。當然也有些單一事件就變成『極秘』的狀況。」

王先生這麼解釋道，就像判決書所說，我的罪被認定是最輕的「情報」。如果是「機密」或「極秘」的話，好像就免不了無期徒刑或死刑了。

王先生爲什麼會被逮捕呢？雖然王先生的案件在日本也有報導，但這裡我想稍微寫詳細一點。

王先生是在2019年被收容到看守所，來到我這間牢房，第一晚我幫他鋪了床，隔天早上也跟他說了摺被子的方法，但王先生好像不想跟任何人說話。一開始我們幾乎沒有和他說話。

有天我提到在共青團附近的餐廳的話題後，他表現得相當熟悉那間店的樣子。

我說餐廳後面有最高人民法院，結果王先生就回答：「那裡就是我工作的地方。」

我震驚地問：「那你就是法官嗎？」王先生回答：「我是最高人民法院的法官。」房間裡還有其他兩個中國人，兩人似乎也都相當驚訝。我們第一次開始說話，就是這種感覺。

王先生不知爲何一直叫我「鈴木老師」。我問了許多中國共產黨的機制或人事的問題，王先生也總是很仔細地解說給我聽。另外，我寫信法官時，幫我修稿的也是王先生。

王先生也說起了他自己被逮捕的「事件」。那事件跟最高人民法院最高位的周強院長有很深的關聯。王先生問了我對周先生的印象。

「我有見過周先生兩次，感覺頭腦沒有很好。」

「是吧！他是個白痴，性格也不好。」王先生說。

「眞的。他害我朋友湯本淵沒辦法出人頭地，結果後來也沒幫湯先生一把。」我也回答。

在周強原本還是湯先生的上司時，他是共青團第一書記（首席）。湯先生原本預計會升級爲中聯部的局長，但周強因爲想讓湯先生留在自己身邊幫忙，所以拒絕了，湯先生也因此沒辦法當上局長。那之後周強自己當上了湖南省長，湯先生則被共青團給孤立。當時湯先生雖然向周強求助，但據湯先生說，周強的反應十分冷淡。

煤炭開發權背後錯綜複雜的賄賂

那麼來說說王林清先生被捲入的「事件」吧。王先生從2011年開始，負責以煤炭產地聞名的陝西省榆林市的煤炭開採權民事訴訟。這是一起地方民間企業跟省政府企業之間的巨大利益紛爭。

2003年8月，地方民間企業（凱奇萊公司）取得開發權，並訂下費用及利益分成爲8（民間企業）：2（省政府企業）的合同。然而，省政府於同年10月規定煤炭開採權的比例要由省政府來決定，因此省政府相關企業於2006年4月，改與香港企業（益業公司）簽約，並主張和地方企業的合同不成立。（按：合同爲中國用語，不過因本書大多敘述中國地區事務，故保留本詞）

地方民間企業對此不服，並於同年5月提告違約。雖然一審勝訴，但二審的最高人民法院於2009年以審理不夠充分爲由退回重審。結果第二次的一審判決逆轉，地方民間企業敗訴，該企業的經營者再上訴。而第二次的二審法官就是王先生。

根據王先生所說，後來得到利益的香港企業女性經營者（劉娟）爲中國共產黨陝西省委員會書記（首席）前秘書的女友。該書記是前共青團幹部，也和最高人民法院的周強院長是舊識。書記似乎給了周院長共計２０００萬人民幣（以當時匯率約3億２０００萬日圓）的賄賂。以資助留學的名義，匯到了周院長兒子在倫敦的戶頭。

２０１６年11月，周院長親信的副院長對王先生要求讓香港企業的女性經營者勝訴。但是王先生說：「地方民間企業的主張是正當的，我已經寫完判決書了。」並拒絕了。結果11月26～28日間，放在最高人民法院王先生辦公室裡的合議庭評議記錄跟判決書等被偷了。

王先生被認定是「丟失評議記錄的沒用法官」而遭最高人民法院調離民事訴訟，同時ＣＣＴＶ（中國中央電視台）還要求王先生在電視新聞上謝罪。

根據報導，該訴訟在２０１７年12月由新任法官判地方民間企業勝訴，但是王先生告訴我，其實是「香港企業勝訴」，報導內容和王先生的說明完全相反。而如果真如王先生所說，那就是周院長收受賄賂，指示從王先生的辦公室偷走了評議記錄，撤換法官並改變審判結果了。相反地要是如同報導是由地方民間企業勝訴，那就是周院長明明收受賄賂，卻沒能推翻判決。不論如何，周院長有收取賄賂應該是沒錯的。

隔年2018年5月，王先生寫信給習近平總書記及其他六名常務委員（中國共產黨中央政治局常委會，也被稱爲七常委（日文稱爲China Seven），向他們告發周院長有違反重大紀律疑慮。王先生沒有收到回信，但三個月後的8月，王先生突然就被監禁了。50名以上的重武裝警察聚集到法院宿舍，把早上去散步回家的王先生關押起來，帶到了最高人民法院領地內的其他建築物裡。

王先生在建築物內由兩名武裝警察看守著，進行了60天的「監視居住」。命令監視居住的是中國共產黨的中央紀律檢查委員會，理由是他有從其他民事訴訟勝訴的企業那裡收受2000萬人民幣（當時匯率約3億2000萬日圓）的嫌疑。

確實，王先生也不是完全清白的。在有嫌疑的民事訴訟審理前，企業打算賄賂他，但王先生拒絕了。王先生已經決定要讓該企業勝訴了，所以不能收錢。然而在企業勝訴後，聽說了王先生的戀人（王先生離婚，現在單身）想買公寓，就幫戀人買了2000萬人民幣的上海公寓。這是審理已經結束後的事，王先生也沒拒絕。這件事被說是違反紀律，因此落到監視居住的下場。

消失的監視器影像

根據王林清先生所說，事後給法官錢好像在中國還算常發生。就我們的感覺來說，不管事前還是事後，法官從原告或被告那裡收錢，這完全是不行的，但這似乎是中國的壞文化。

2018年12月，前著名主持人崔永元在中國的SNS「微博」上，表示陝西省的煤炭相關審判記錄及判決書被偷，是爲了隱瞞重大問題。崔永元是爆料演員范冰冰有逃稅疑慮的知名爆料型記者，約有2000萬粉絲。崔氏在以媒體教育聞名的中國傳媒大學擔任教授，也是當時中國人民政治協商會議全國委員會（相當於日本參議院）的委員。王先生聽說了這件事，便自己拍攝動畫並上傳到了youtube進行內部舉發。

結果２０１９年1月初，以中國共產黨中央政法委員會書記郭聲琨爲首，成立共同調查小組「特別聯合調查組」，針對「消失的判決書」展開特殊調查。王先生受到調查組指示再度被羈押，而調查組於２０１９年2月22日，發表判決書消失是王先生的自導自演。

當時《朝日新聞》還報導：「根據調查結論，王過去被指出違反紀律，差點被撤換而對其待遇感到不滿，並爲了讓法院感到困擾而帶走記錄。其後因爲沒有任何反應及影響，又自己將此事告訴主持人崔氏，希望他曝光此事。」（２０１９年2月26日）

王先生要求調出最高人民法院的監控攝影機，但上司告訴他兩台都壞掉了。調查結果顯示「即使調查當時記錄，攝影機也沒問題」，並否絕了王先生的主張。但根本沒有解釋當時攝影機拍到了什麼。

「蒙上陰霾」的最高人民法院院長得以生存下來的理由

這就是王林清先生在那之後因收賄罪及洩露國家機密（審判記錄）而遭逮捕，被收容到我所在的看守所的一連串經過。2022年5月7日，王先生因這兩個罪被判有期徒刑14年，進入監獄。

王先生告訴我：「習近平是爲了封我的口，才把我關起來的。審判結束後，我一直擔心要是被關進監獄，搞不好會被殺，經常爲此感到害怕。中國常發生這類事件。」

我的推測是這樣的。習總書記掌握了共青團派系領導級人物周強的弱點，並打算利用這點在2022年10月的中國共產黨第二十次全國代表大會上，在決定中央人事時用來壓制共青團吧。爲此，有必要將周氏留在自己左右，對共青團施恩。如此一來，取而代之的是胡春華副總理（時任）爲首的其他共青團出身的人，就會從中央政權被排除掉。這應該是習總書記的算盤。但要是王先生暴露了周氏的秘密，這個算盤就打不響了。所以王先生才會被關起來。這就是習總書記的想法也說不

在看守所與我同房的王林清，在書的空白處寫下自身被拘留．逮捕的不正當性，託付給筆者。2023年1月5日每日新聞出版攝影

定。我這麼跟王先生說後，王先生也好像相當贊同地回答：「搞不好就是這樣。」

雖然這是在我回國後才發生的事了，後來經過中共二十大，周強現在還是留下來繼續擔任中國共產黨中央委員，並在2023年3月中國人民政治協商會議被選爲第14屆的全國委員會會副主席。因爲陝西省煤炭問題在中國被大肆報導，也有人表示對周強的疑慮。但這些疑慮因爲李克強及胡春華等其他共青團出身者被降級，完全從政權中樞消失無蹤。同時，只有「蒙上陰霾」的周強卻因爲不明原因被提拔，我的推測不正證實了這點嗎？

王先生就是出身自所謂的菁英家族。他的祖父出身自山東省煙台市，爲出生於醫生家庭的國民黨幹部。他在煙台大學學了法律後，取得了中國人民大學的法學博士。其後在北京大學獲得經濟學博士，他在最高人民法院被選爲全國青年模範法官，也曾在最高人民法院發表關於勞動法的見解，成爲中國的審理標準。

在我因間諜罪而寫信給法官時，王先生幫忙我很多。我們有超過六個月都在同個房間裡，睡的是隔壁床，讓我學習到了很多。另外，我們也總是一起運動。我們會比賽深蹲跟仰臥起坐，而我完全無法贏過不服輸的王先生。

王先生似乎覺得，「在職時，我還認爲中國法律相當成熟，建立起了很完美的法律體系呢。」但是據他所說，在被監禁．逮捕之後，他不得不注意到了「中國的法律不行。」習總書記雖然號稱，爲了確保人民對司法體系的信賴度，要「依法治國（基於法律治理國家）」，也就是號稱中國是法治國家，但是王先生經常對我說：「依法治國完全就是詐欺。中國不可能做到這種事的，中國根本沒有人權。」

王先生說，如果可以的話，他出獄後想前往美國，也在想著有沒有可能在美國大學教授中國的人權狀況。爲此他每天都拿著英英辭典在學習英文單字，他也說想在日本演講。

王先生雖然做出了法官不應當做的事，這是事實，但監禁、逮捕是習近平體制下權力鬥爭的一環，王先生是犧牲者之一，這也是不變的事實。要如何拯救他，將會是中國民主化進程的重要問題。

題外話，讀者中恐怕也會有人疑惑，爲什麼在SNS微博上揭露評議記錄及判決書消失一事的前熱門主持人崔永元沒有被監禁？崔永元是王岐山相當看重的人物，王岐山在習近平體制下擔任國家副主席，以黨中央政治局常務委員中央紀律檢查委員會書記身份推動強化紀律。王岐山是習總書記在地方基層時代以來的朋友，對因反腐而獲得人民盛讚的習總書記來說也是恩人。所以或許是習總書記也沒辦法讓王岐山沒面子，無法對崔先生下手也說不定。

搬進床鋪都鋪皮革的貴賓室

「這個看守所有一間被稱作『貴賓室』的特別牢房。」我在進入看守所不久後，就從室友那裡聽過了這件事。而我有機會搬進被稱爲貴賓室的牢房，是在2017年的夏天。

當天看守所又指示要更換牢房，室友也換了。我戴上眼罩並被要求坐上輪椅，而我被帶往的是名爲貴賓室的11號房。剛來看守所時，我聽說過貴賓室住的是被逮捕前地位很高的人物。可能因爲剛好其他牢房沒有空位，所以我就被換來了這裡。

進入貴賓室後我嚇了一跳，其他房間都是在鋪木板的地板上直接鋪床並睡覺，而這裡竟然有三張拉了皮革的床。壁紙也拉上了皮革。我在牢房裡久違地陷入了熟睡。

看守所裡有很多被中國共產黨的紀律檢查委員會所關押的人，而我在貴賓室的室友，北京的前郵局局長告訴我以下言論。

「國際包裹會被安全部一個個拆開來調查。因爲有特殊的清除膠的方式，所以卽使拆開過也看不出來。」

聽了這番話，後來我卽使回了日本，也覺得不能寫信給中國的朋友。卽使我認爲內容不會有什麼負面影響，也不知道會帶給收信的朋友們什麼麻煩。我不得不面對現實，過去建立起的人際關係已經沒辦法恢復原狀。

我還從一名年輕人那裡聽說了很有意思的話題。他大約30歲左右，曾在國家安全部工作，現在被逮捕了。我們不是在貴賓室的室友，是在木板上鋪床具的一般牢房認識的。雖然他沒有詳細說明自己的罪嫌，但非常悲觀地說自己最後「應該是死刑吧」。

中國的習近平政權在2014年設立反間諜法，2015年實施國家安全法，強化對外國人的監控。2015年開始，在中國的日本人因間諜等嫌疑被關押。和我同牢房的國家安全部前職員這麼說道。

「國家安全部將2015年及2016年訂爲『國家安全年』，並強化取締。你會被抓也是因爲這樣吧。」

我問他，國家安全部有很多人在日本嗎？而前職員這樣回答我。

北京市第二監獄（刑務所）房間平面圖

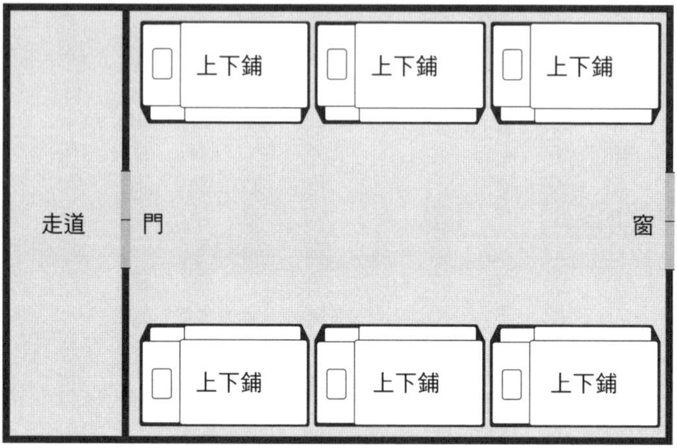

「日本沒那麼多人。但是國家安全部每個月都會匯款到日本的企業或大學，依據報告內容還可能再調高金額。」

許多住在日本的中國人是很認眞在過活的吧。但是也有中國人在日本從事間諜行爲，這也是事實。

國際化色彩濃厚的監獄生活

二審判決出來後經過了20天，我被送進日本稱爲刑務所的「北京市第二監獄」。裡面有專門收容外國人的建築物，在那裡因間諜罪入獄的人屈指可數，倒是收容很多其他罪行的犯人。囚犯國籍以奈及利亞人最多，其他還有巴基斯坦人、台灣人、俄羅斯人、美國人、韓國人、澳洲人（華僑）、加拿大人（華僑）、蒙古人、巴布亞紐幾內亞人、亞塞拜然人、阿富汗人等。日本人包含我在內共有5人。大部分是因爲毒品走私，被判無期徒刑，中國因爲經歷鴉片戰爭的關係，毒品的罪判得很重。

監獄裡的氣氛比看守所自由多了。警官也很親切，好相處的人不少。監獄爲三層建築，我住在二樓。房間裡有六張上下鋪的床，共可住12人。我被收監的牢房班長是俄羅斯人。他因爲在北京起紛爭而被逮捕，刑期9年。是個有條不紊並對環境整理很囉唆的男人。因爲他討厭黑人，所以這間牢房只有一個奈及利亞黑人，其他還有台灣人跟日本人各兩人，印度人、加拿大人、蒙古人、亞塞拜然人、巴基斯坦人、阿富汗人各一人。所以在牢房裡是使用英文。因爲我有很多單字都已經忘了意思，讓我忍不住爲自己的不學無術感到羞恥。

監獄牢房裡沒有廁所和淋浴間，只有整層樓共用的廁所。馬桶爲蹲式五個、坐式只有一個。沒有任何隔間牆。蹲式跟坐式馬桶對面有小便用的便斗，所以得一邊看著小便的人的屁股一邊上廁所。一層樓收納了100人左右，所以6個馬桶每天早上都大排長龍。

我喜歡坐式，所以總是會排坐式馬桶。其他使用坐式的大概只有5～6人，我們彼此認得臉，便決定了使用順序。但是也有會插隊的人，總是會吵起來。

廁所裡大概有20個瓶子，大家都會裝3～4瓶放在便器前方。因為有時馬桶會沒水，所以準備了裝水的瓶子。我因爲覺得要在瓶子裝水很麻煩，所以會自己帶洗臉盆過去。黑人大部分不會使用衛生紙，而是用水和手來沖洗，其中也有人會帶肥皂或洗髮精去洗。黑人們很常跟我說：「借我洗臉盆。」使用後也會好好拿來牢房還我。為了圓滑人際關係，這也是沒辦法的事。

進監獄後最一開始會有「新人教育」，從收監後會持續進行三個月。

「♪沒有共產黨就沒有新中國。」

「♪共產黨辛勞爲民族。」（按：皆以中文歌唱）

會像這樣被逼著唱共產黨紅歌直到厭煩的程度。對於不會中文的囚犯，獄方會分配標了拼音的歌詞。也算是一種洗腦教育吧。也有行進跟摺棉被的練習。

一週會有一次訓練，要在深夜花上兩小時在走道上持續行走。這個訓練會讓身體相當疲累。

另外餐飲也非常糟糕。主要是水煮或炒的青菜，僅有幾次看到肉。我在看守所時就聽過監獄新人教育是軍隊式的，所以抱有一定的覺悟，但沒想到會這麼糟。我入監獄時體重73公斤，住進去後掉到了68公斤。

新人教育結束後，「洗腦」還是持續著。我們每天都要看中國國營中央電視台製作的英語新聞，然後每週六早上九點就得被迫唱中國國歌，之後主要是看共產黨史的影片。

其中也有中日戰爭、韓戰等相關節目及電影，描寫共產黨到底如何拯救中國人民。對擁有共產黨相關知識的我來說，這種自吹自擂的程度令我目瞪口呆。全都只有形式而已。形式主義從1980年代應該就被共產黨視爲問題，結果監獄至今仍然持續著形式主義。

偶爾會有人擅自轉台，也有看足球或網球轉播的時候。我被收容的二樓囚犯中有八成是奈及利亞人，當父親是海地裔美國人的大坂直美選手贏球後，他們十分激動。也有人用我教給他們的日語大喊：「萬歲！」

雖然從監視攝影機應該就能發現我們在看運動比賽，不知爲何，監視我們的警察默許了此事。有時監獄高層也會來突擊抽查，而那種時候警察們會先告訴我們，而此時就會播放新聞或教育節目。聽說如果他們崗位上發生問題，警察負責人好像就會被罰以100元人民幣的罰金。

受刑人不只是對大坂直美選手有很高的好感度，對日本本身也是。特別是日本在比賽中贏了中國後，總是會有熱烈的拍手聲。另外也有人在安倍晉三首相被槍擊死亡時，對我表達了遺憾。

中國監獄難以理解的點數制，從買東西到減刑都適用

監獄收容了我之前提過的「另一位日本間諜」及其他三名日本人，他們都是因爲走私毒品而以現行犯的方式被抓。在中國，毒品犯罪是重罪，他們大約從2010年開始就進監獄了。其中一人是76歲男性，曾經在一流企業上班，並主張

自己是被冤枉的。

我被關的監獄是外國人專用監獄，一層樓有十間12人房，如前述那樣，有六張上下鋪的床。白天房間不會上鎖，可以自由往來。晚上則會上鎖。

囚犯被允許購買點心或水果、奶粉、水果等，會從囚犯持有的金錢扣除，也有類似「點數制」的制度，如果進行幫教材裝箱之類的勞動，就會獲得相應的點數。點數不是用來買東西的替代貨幣，而是類似用來獲得可以買橘子或咖啡等奢侈品的「資格」。在入獄初期因爲沒有點數，所以什麼都不能買。

能跟看守們用中文溝通的台灣人，會負責配膳來賺取點數。夜間巡邏時的「值班人員」（Duty People）則是由想要點數且體力又好的年輕奈及利亞人們出任。晚上如果要去廁所的話，規定必須有三人以上，所以我也必須在兩名奈及利亞人的陪伴下如廁。

關於改善受刑人待遇，我有諸多回憶。因爲一個月大概只有兩次左右可以吃到肉，不用說是外國人囚犯了，喜歡肉的我也想要更常吃，而且醫療體制也不能算是很完備。點數制也有問題。存６００點就可成爲減刑對象。如果在監獄裡沒有引發問題的話，每個月都能存20點，但是如果吵架或打人就會扣60點。「值班人員」持續一個月就可以存到20點的一倍，拿到40點。還會加上額外「特典」，每個月固定和家人一次5分鐘的通話可以延長到10分鐘。

我寫信給北京市監獄管理局的局長要求改善待遇，加上各國受刑人在會面時，也都拜託日本、美國、巴基斯坦的大使館要求中國改善待遇。這些努力終於實現，一週能吃到兩次肉了。並且顧慮到囚犯健康，60歲以上的受刑人也可以每週一次拿到7包牛奶。雖然為了計算減刑還是保留了點數制，但買東西時的點數要求已經廢止了。就算沒有點數，但只要有現金，任何人都能買東西。

待遇雖然多少改善了，但習近平政權以後幾乎沒有案件被減刑，和胡錦濤時代似乎完全不同。也完全沒有假釋。即使中國的刑事訴訟法規定只要達到75歲就可以釋放，但這也被無視了。在這種地方可以說表現出習政權輕視人權的強硬姿態吧。即使不關心中國情勢的外國人，也總是說：「習近平是壞人。」

2022年1月，我在監獄裡迎來第二次的過年。到刑期終了之前只剩9個多月了。但是為什麼自己會被盯上呢？雖然我確實和中國大使館幹部跟公安調查廳有關係。

但是日本擁有同樣人脈的人也不少。這麼說來，偵訊時，特別是針對某幾位中國大使館幹部被問得很詳細，是否他們才是搜查對象，中國爲了獲得他們的情報而逮捕了我呢？不管想再多，眞相還是不明。

結束6年3個月的監禁，終於踏上歸國路途

在我卽將出獄的三個月前，可以免除在監獄內的工作。到那時爲止，我要嘛在製作化妝箱，或是將中國共產黨出版品裝進袋子裡等比較輕鬆的工作，而那也已經不用再做了。我總是在工廠角落讀著自己買的人民日報。警察也對我說：「鈴木，太好了呢。」奈及利亞人也向我問在日本的聯絡方式，他們之後大概還要在監獄裡待十多年。雖然我想著：「知道了又能做什麼呢？」但還是給了他們。

2022年10月1日，在中國建國紀念日的「國慶日」，監獄裡也舉辦了紀念

歌唱大會，以樓層爲單位組成隊伍合唱革命歌曲，我被選爲隊員之一。連每天都在說「我最討厭共產黨了」的奈及利亞人也因爲「想要獎品」而拚命練唱。最後獲勝的是我的隊伍，也得到了牙粉和保濕乳霜等獎品。

10月11日，出獄之日到來。我在天色昏暗的早上4點半起床、梳洗，我被抓時穿的西裝等扣押物也被還了回來，告別北京市第二監獄。

我坐上當局的巡邏車，被送到北京首都國際機場第三航廈，也就是我在6年3個月前被陌生男人強制塞進廂型車裡的地方。討厭的記憶頓時閃過了腦海。

雖然我想搭日本的航空公司回國，但因爲新冠肺炎等原因，當天跟隔天都沒有回東京的航班。也就是必須在中國入管局的收容設施再待兩天，所以我只好忍耐搭中國的國際航班。機票約7000人民幣（當時匯率約13萬日圓）要自付。我搭上飛機後，也還是忍不住坐立不安地想，飛機上是不是有國家安全部的人呢？即使飛機離陸後，也搞不好會再返回北京的機場。直到降落在成田機場前，我都還是不斷擔心。

到成田機場後，我原本在想會不會有日本的媒體或電視台的記者。因爲在我離開中國前，日本大使館員建議我：「你最好先想一下要講什麼。」所以我推測應該是以某種形式告知了媒體我會在那天回國吧，結果一家媒體都沒有。我在被關的期間裡，經常拜託大使館希望聯絡每日新聞的高塚保先生，結果連他也不在。這到底是怎麼回事？我雖感疑惑，但能回國的高興之情勝過一切，所以沒想很多。

機場有家人幫我預約好的車在等我。我抵達老家的茨城縣櫻川市是在下午4點左右。過去我住的栃木縣小山市公寓已經退租了。我洗完澡後，大概在六點左右吃了晚餐。親戚帶了生魚片拼盤來給我，我們用啤酒乾了杯，但我連一杯啤酒都沒辦法一口氣喝完。這6年3個月期間裡，我幾乎都沒有喝到酒精。所以身體已經沒辦法跟上了。在那之後，我小口小口啜飲了以前很喜歡的日本酒。

雖然我說：「幾乎沒喝。」但其實在中國時多少喝了一點「私釀酒」。那是在看守所時的事了，因爲可以買到梨子。榨出梨子汁並加上很多砂糖後，經過三天就可以發酵成利口酒。在那裡，有人很擅長做這東西，他一面說著「日本人很愛喝酒吧」並幫我做了好幾次。只要三顆梨子和一匙砂糖就能做出10杯左右。順帶一提，看守所的飲食只能使用湯匙而沒有筷子，當然也沒有刀叉。

另外，防止中暑的藥劑（大約3公分高的小瓶子）裡頭含有少量的酒精。如果對醫生說「身體疲倦」，親切的醫生就會給兩瓶。喝了之後因爲酒精一口氣湧上喉嚨跟胃，臉也一下子發熱起來。但日常還是沒辦法喝到酒精，所以身體已經變得無法承受啤酒和日本酒了。

在那6年3個月的期間裡，我一直想著回到日本後，「首先要吃壽司。然後依序要吃生魚片、拉麵、咖哩飯、豬排蓋飯。」所以能吃到生魚片很開心，但我也非常想吃生菜。在中國被抓以後，我一次都沒吃過生菜。中國幾乎沒有吃生菜的習慣，被監視居住時，我曾經說想吃生菜沙拉，但他們回答：「吃生的會吃壞肚子。」並拒絕了我。所以不管是監視居住期間、在看守所、在監獄，我在每個地方都沒有吃過生菜料理。

我喜歡做菜，所以回國後自己切了老家的小黃瓜跟高麗菜，拌了海帶和和風醬一起吃，感覺新鮮蔬菜的營養滲透到了全身細胞裡。

站上家裡的體重計後，我被監禁前有96公斤的體重只剩下68公斤。拜此所賜，健康檢查時，過去都被警告不佳的數值全都改善了。雖然我實在難以產生感恩之情。另外出獄時被還回來的西裝，現在也完全不合身了。

回國兩天後，我隨意打開了電視，看到石川小百合出現在電視畫面中，在我被監禁的期間裡，她的歌無數次治癒了我的心。在最痛苦的監視居住時期，我無數次在心中唱著「津輕海峽・冬景色」和「越過天城」等歌曲。電視裡的歌聲讓我想起了痛苦的日子，不禁流下淚來。

根據日本外務省統計，自2015年5月以來，光是日本人至少就有17人被中國當局監禁，其中5人未遭起訴就得以歸國，1人被逮捕並拘留。已知2023年3月又有1人遭到監禁，剩下10人被起訴並判處3～15年的徒刑。其中3人還在服役中，1人於服役中死亡，包含我在內共有6人已服滿刑期歸國。

2019年9月，一位北海道大學教授遭中國當局監禁約兩個月後被釋放，根據報導表示，日本外務省領事局海外邦人安全課正努力「和中國方協商，（讓剩下的監禁者）可以盡早歸國。」

2015 年以來被中國當局監禁的日本人

2023 年 3 月爲止

2015 年	5 月	神奈川縣男性	遼寧省	間諜罪等判處 5 年徒刑	歸國
		愛知縣男性	浙江省	因間諜罪等判處 12 年徒刑等	
	6 月	札幌市男性	北京市	間諜罪等判處 12 年徒刑，沒收 20 萬元人民幣（約 327 萬日圓）	2022 年 2 月病死於北京市內的醫院
		東京都新宿區日本語學校的女性幹部	上海市	因間諜罪判處 6 年有期徒刑，沒收 5 萬元人民幣（約 82 萬日圓）	歸國
2016 年	7 月	鈴木英司（筆者）	北京市	因間諜罪等判處 6 年有期徒刑，沒收 5 萬元人民幣（約 80 萬日圓）	歸國
2017 年	3 月	「日本地下探查」男性社員	山東省	因盜取國家機密罪判處 5 年 6 個月有期徒刑，沒收 3 萬元人民幣（約 48 萬日圓）	歸國
		「大連和源溫泉開發」男性社員	海南省	因不法取得國家機密等罪行，判處 15 年有期徒刑，沒收 10 萬元人民幣（約 160 萬日圓）	歸國
		「日本地下探查」社員等男性 4 人	山東省、海南省	釋放	歸國
	5 月	日本四國地區的男性公司代表	遼寧省	因間諜罪判處 5 年 6 個月有期徒刑，沒收 20 萬元人民幣（約 320 萬日圓）	歸國
2018 年	2 月	「伊藤忠商事」男性社員	廣東省	因國家安全危害罪判處 3 年有期徒刑，沒收 15 萬元人民幣（約 230 萬日圓）	歸國
2019 年	7 月	50 多歲男性	湖南省	因國家安全相關違法行爲，判處 12 年有期徒刑	
	9 月	北海道大學男性教授	北京市	2019 年 11 月釋放	歸國
2021 年	12 月	50 多歲男性	上海市	因間諜嫌疑於 2022 年 6 月被逮捕	
2023 年	3 月	「安斯泰來製藥公司」50 多歲男性幹部	北京市	因間諜嫌疑遭監禁	

＊金額爲當時匯率

第四章

日本政府如何採取行動

大使館和律師都袖手旁觀

我是2016年7月15日在北京機場被北京市國家安全局所監禁的。聽說安全局於7月20日的下午5點半才跟日本大使館聯絡。明明日中領事協定規定4天內就要聯絡大使館，結果卻是等到了7月20日，也就是五天後。後來我才知道，審判記錄上，我的監視居住開始日不是7月15日，而是7月16日，也就是說第一天不包含在內。所以領事協定規定的四天，可以推測也是由7月16日起算。明明15日就開始監禁了，爲什麼16日才開始算，我直到現在還是搞不懂。順帶一提，根據我的記憶，負責偵訊的安全局人員說：「領事協定是五天內要聯絡大使館。」

日本大使館員終於來見我，是在又一週後的7月27日左右。當天我突然被告知有會面。我前往會面房間時，被要求坐上輪椅，戴上眼罩，那時還第一次被戴上了手銬。我明明沒被逮捕，爲什麼會被戴上手銬！當時我受到很大衝擊。雖然名義上只是監視居住，但明顯就是拘留了不是嗎？我的身體也被粗皮帶綁住，在搭電梯前輪椅還被轉了好幾圈。我搭上的電梯非常狹窄，搭上時我的雙臂都能碰到牆那種程度的狹窄。搭電梯的除了我以外，只有一名警察。雖然說起來很奇怪，但是去程花了很多時間，而回程卻馬上就到房間了。大概是爲了不想讓我摸清建築物構造，而特地來回使用不同的路徑吧。

準備好的會面室是一間相當大的接待室。在房間裡有負責偵訊的兩人及口譯。我對此感覺很不舒服。兩邊有偵訊官在聽著，感覺沒辦法盡情對大使館員說想說的話。我希望大使館員針對此點進行抗議，但是對方的反應只有「算了算了，這種事本來就是這樣。」會面時間也很短，我被告知只有30分鐘。

來會面的日本大使館員有龜井啟次領事部長和檢察官出身的岡部一等書記官兩人。我以前就認識龜井，也見過4、5次面，他現在是廣州總領事。我不清楚岡部的全名，所以請原諒我用姓稱呼他。

龜井一開始就對我說：「是你啊。許多方面的人都從日本打了電話來呢。」我問：「是國會議員之類的嗎？」對方回答：「其中也有國會議員。」我被監禁的事好像已經在日本被報導了，他們也說：「也有報導刊出了鈴木先生的名字。」既然大眾傳媒已經把情報傳達給了國會議員，那應該距離我被釋放前進了很大的一步吧。我心中萌生了這樣的期待。

當時我不知道有監視居住這樣的制度，所以問龜井：「這種監禁到底是怎麼回事？」龜井則回答：「這個嘛，在那之前請等一下。」然後開始確認我是否為本人。「我要確認你的身份。你是鈴木英司先生對吧。請告訴我你的出生年月日。」時間只有30分鐘，以我的立場來說，立刻就想切入正題。

之後他們說明這是中國監禁制度的其中一種。我拜託他們：「我想快點出去。」但龜井只回答：「這個很難吧，監視居住的期間為三個月，也還有再延長三個月的可能性。」我問：「等三個月就能出去嗎？」結果得到回答是：「不，鈴木先生的話有可能會再延長三個月。所以沒那麼簡單。」岡部也說：「這應該會變成長期戰，請保持耐心。」我對這句話只回答：「不，我怎麼有耐心得起來。」

我問大使館有沒有顧問律師：「可以委託他們嗎？」答案是：「可以。」但問了費用後，大約要花35萬元人民幣（當時匯率約560萬日圓）。「中國的律師費用很貴，如果是國家安全局相關的案件，願意承接的人也很少，所以律師費用又更高了。」「其他日本人都是怎麼做的？」我問，而回答是：「中國有法律援助這種制度，也就是類似日本的公設辯護人，是由國家出律師費用的制度。委託那個應該就可以吧。」他們說其他日本人好像也是利用這個制度，依據岡部說法，「不論如何，中國律師幾乎都不怎麼做事的，法律援助所委託的律師，偶爾也會認眞工作。因爲其中也有好人。」

我決定用法律援助而拜託了他們，結果得到的答案是：「現在沒辦法派律師給你，要被逮捕後才能辦手續，那之後才會有律師來。所以現在委託了也沒有律師會來。」所以我在那裡的期間一直沒辦法見到律師，讓人不禁想著這到底是什麼制度？中國那時說要開始建設法治社會，但這算什麼法治社會啊，中國的制度應該要改革才對。

沒有傳到的傳話

跟大使館員會面的最後，他們問：「鈴木先生，我們可以幫你傳話給家人或重要的人，有想說的話請說。」所以我拜託了傳話給家人。我問：「可以傳給國會議員嗎？」他們說：「可以。」所以我又繼續問：「個人呢？」這次他們則回答：「個人沒辦法。」我還是謹慎起見確認：「有一位每日新聞政治部的記者叫高塚保，他也不行嗎？」我想說新聞記者可能會是例外，結果龜井啟次領事部長卻說：「原來如此。這我會想辦法。雖然沒辦法直接傳話給本人，但有各種方式。」

因爲聽說可以傳話給國會議員，所以我一直以爲話有傳到。我拜託他們傳話給自由民主黨的野田毅衆議院議員（時任）、立憲民主黨（當時爲民進黨）的近藤昭一衆議院議員等（按：不是台灣的民進黨，是日本的同名政黨）。但是我回國後跟野田先生、近藤先生確認，外務省完全沒有傳話給他們。

回國後，我拜訪了位於東京虎之門的野田先生的事務所。野田先生是日中協會的會長，我曾經是理事，所以我想說應該直接去打招呼，於是就上門拜訪了。關於傳話，野田的說法是：「沒有人傳話給我耶，國會議員大家都很擔心你。」我在議員會館見了近藤先生，和他本人及秘書確認後，也是沒有任何訊息傳到他們那裡。

之後我每次見到以龜井開始算的歷任領事部長時，我都拜託他們傳話給其他幾位國會議員，但恐怕也是都沒傳到吧。

我回國後也問了高塚先生，他也是完全沒收到傳話。高塚先生說只有一次，2016年末時他好像被叫去外務省，根據高塚先生說法，外務省好像問他：「鈴木先生說：『這是政治問題。問高塚先生他就會知道，只能靠政治解決了。』你心裡有什麼底嗎？」面對這彷彿猜謎般的問題，高塚先生好像沒搞懂到底是什麼事，於是說了2013年12月在北京跟我一起見了湯本淵先生，外務省跟他的接觸就只有那一次，我拜託的傳話直到歸國都沒傳到他那裡，當然也沒傳到其他記者那裡。也就是說，日本大使館及外務省最終只有傳話給我的家人而已。

我也拜託他們傳話給我認識的中聯部等副部長及局長級的人們，他們回答我：「知道了。」然後約30分的初次會面就這樣結束了。

爲什麼我會拜託傳話給這麼多人呢。因爲我想說在逮捕前可能可以做點什麼也說不定。雖然我不是很懂監視居住制度，但我知道有被監禁後還是在逮捕前歸國的例子。因此我希望對中國的黨幹部、日本政治家傳達現狀，如果媒體大肆騷動的話，搞不好我就不用被逮捕了，我的心境就是連一根稻草也想抓住。所以當我在會面時聽龜井說：「可以公開你被監禁的事嗎？反正已經有一部分的媒體在報導了。」時，我拜託他：「請盡量公開。」

只有逮捕前才能被釋放

第二次與大使館員的會面，也是當天才突然告知。當時我拜託他們傳話的人選，多加了每日新聞的高塚保先生，還有舊識的讀賣新聞、時事通訊、NHK等三名記者的名字。當時龜井啟次領事部長的反應不太能理解。龜井說：「鈴木先生，應該沒必要傳話給這三位吧？」

我問：「爲什麼？」而對方只說：「鈴木先生還想變得更有名嗎？現在已經日本全國上下都知道鈴木先生的名字了，不需要這麼做吧。」就我的角度來看，我只是希望有更多媒體報導監禁的事而已。我想要是愈多人知道，中國是不是就愈難逮捕我。說我想變有名，這實在只能說是搞錯方向了。該不會其實只是沒有幹勁而已吧？龜井可能不清楚被監禁的人到底是什麼心情吧。我也傻眼地只能回答：「我知道了，我不會再拜託你們了。」我一輩子都不會忘記龜井的這些發言。

第三次會面時，我再一次提起包含高塚先生在內，加上讀賣新聞記者的名字，拜託他們傳話。龜井當時說明：「我們的規定是外務省不能直接傳達給本人，但我會傳話給專門跑外務省的記者，請他們再轉達給同事的，不用擔心。」但是，結果也沒傳到高塚先生或讀賣新聞的記者那裡。

在歸國前的會面，我拜託他們轉達兩位記者：「我會於10月11日歸國。至今給大家添麻煩了。」所以我想，他們兩位應該會來成田機場採訪吧，結果完全沒有任何媒體來。而傳話也一樣沒有傳到兩家媒體那裡。

順帶一提，第二次會面時開始能聽到家人留言，這是我最期待的事之一。但因爲是在現場所有人面前讀出傳話內容，所以家人間的隱私全都被人聽見了，這讓我很痛苦。

第二次見面，我又問了中國這裡的動向如何。因爲第一次會面時，我舉出中聯部等副部長級、局長級的名字，說希望能向他們告知我的事。

當時龜井的回答讓我很驚訝，他說：「我不知道。」還有說：「我是領事部的，所以這件事就拜託了政治部的，因爲事情已經交給他們了，那之後如何我就不清楚了。」

「等一下，你沒有問他們之後如何了嗎？」我繼續追問。結果龜井回答：「沒問。」我說：「如果是結果不好那也沒辦法，但至少也問個結果並告訴我，難道不該是這樣嗎？」結果他只反覆強調：「我沒問。」也太沒責任感了，我對龜井的沒誠意眞的十分傻眼。

日本大使館的政治部和中國外交部（相當於日本外務省）的關係雖然好，但和中國共產黨負責對外關係的中聯部就幾乎沒有往來了。過去我還經常被大使館員問中聯部的事。這就是大使館政治部的不好了。大使館幹部也說過：「我們政治部的最大缺點，就是跟中國共產黨的關係非常淺。」我想因爲沒有管道，所以政治部也沒有動作吧。

監視居住期間被釋放的有幾個人。像是中國出身的政治學者，也是東洋學園大學教授的朱建榮就是一個例子。朱先生於2013年7月17日，爲了參加會議而到上海市，結果失去聯絡。同年9月，中國外交部新聞司表示：「朱氏爲中國國民，必須遵守中國法律及法規。」並承認因間諜嫌疑而拘留他。然而，朱氏於2014

年1月17日被釋放，回到上海的祖宅。這顯然就是還沒被正式逮捕前的事。同年2月他睽違7個月回到日本，根據報導，抵達羽田機場時，他還說了：「今天我平安回到日本了。讓大家擔心了，我向大家道歉的同時，也打從心底感謝大家爲我擔憂。」

令人失望的日本大使館應對

我認爲只有在逮捕前被釋放的這條路才行得通，也賭上了這點。所以才會拜託大使館傳話給國內外的關係人士。所以我也難以贊同大使館員的會面次數。根據負責的龜井啟次領事部長所說，中國方面的規定是一個月可以會見一次。但是監視居住的約七個月期間裡，我也只有見到他們三次。在我被逮捕以後過了兩個月，龜井也沒有來會面。我問下次會面是什麼時候時，龜井一定會說：「一個月後就能會面了。我們會努力的，還請安心。」下一個領事部長也說一個月可以會面一次。

但是，會面似乎需要北京市國家安全局及法院的許可，雖說嫌疑人有這個權利，但機制上沒有中國方面的許可就沒辦法會面。當然不給予許可的中國是最過份的，但我也希望日本大使館去抗議：「這很奇怪。」或是向中國方面的窗口，也就是外交部領事局要解釋。例如，向本國領事局報告然後從上層給予壓力，應該像這樣有各種做法才對。

然而，日本大使館沒有採取這類的行動，對中國言聽計從。日本大使館沒有積極動作，也完全感覺不到他們盡力了。我對此非常遺憾。監視居住時，日本大使館的應對只讓人失望。

監視居住的第二次會面，我對龜井啟次領事部長及岡部一等書記官問：「跟我有關的日本方面政治情勢變得如何了？」我記得那應該是2016年9月中旬的事了。岡部說：「鈴木先生被關以後，日本的動向變了很多。以前討論這些事的大概會是課長級的人，但現在連局長層級也會談了。但我們也因此變得沒辦法參與，因爲它已經變成更高層級的事了。」

爲什麼會提高層級呢？雖然這僅僅是我的推測，但國會議員有所動作應該是背後的原因之一吧。我的監禁被報導後，日本的國會議員們似乎也對此採取了動作的樣子。然後公安調查廳或許也有什麼動作吧。

第三次會面時，岡部說了奇怪的話：「之前都是由外務省來聯絡家屬，但之後會改由法務省來聯絡。」我一邊想著：別說這種奇怪的話啊，一邊問：「爲什麼？」而岡部給的答案是：「內部這麼決定的。」法務省是公安調查廳的上級組織，所以我推測應該是公安調查廳開始參與進來了吧。

但是在那之後，傳話路徑又再度回到外務省手上。內部到底發生了什麼事？至今仍是個謎。事件提升到局長層級，是指外務省局長跟公安調查廳的局長進行談話嗎？無論實情如何，我在監視居住期間既沒被釋放，刑期也沒能縮短。

遇到能信賴的領事部長

自從我被逮捕，加上龜井啟次換成其他領事部長後，2017年2月16日是初次會面（從監視居住起算的話是第四次）。雖然失禮，但我不記得該位領事部長的名字，是位印象很稀薄，感覺沒做什麼事的部長。而之後直到換成第三位領事部長岡田勝先生為止，主要和我對話的人就是檢察官出身的岡部一等書記官了。

我在會面時問岡部：「日本和中國之間沒有引渡條例嗎？不能交換罪犯嗎？」這是看守所的中國人們傳授給我的知識，他們告訴我：「如果跟在日本的中國罪犯交換的話就能回國了。」但就結論來說，不能交換。岡部表示：「日本跟中國間沒有引渡條例。要說引渡條例，也是只有犯下同等罪行的人之間可以互換，但日本沒有間諜法。鈴木先生是基於間諜法被捕，所以在日本沒有相關法律的情況下，也是不能交換的。所以沒辦法，還請您放棄吧。」

說實話我很失望，回到看守所後我跟同房的室友們說：「日本和中國間沒有引渡條例的樣子。」而大家也很失望地說：「這樣啊～」

當時岡部對我說：「日本沒有間諜法，所以回到日本後就完全不用管中國的罪名了。鈴木先生是善良的一般市民。」讓我印象深刻。

雖然我也有和岡部吵架過，但他也會說明各種事情給我聽，我也覺得我們的關係變好了。自我被逮捕後的第四次會面（從監視居住起算第七次）時，岡部說他任期結束要回國了。法院的會面都要隔著玻璃進行，我記得自己當時隔著玻璃看著岡部流淚，從痛苦的監視居住時期開始，岡部教了我很多事。「岡部先生，眞的是受你照顧了。回去後在東京見面吧。」我流著眼淚，而岡部也回答：「好的，一定要在東京見面。」會面時間結束，玻璃上降下灰色類似布幕那樣的東西，會面終了。警衛輕輕拍了拍哭泣的我的背。

２０１９年11月，第三位岡田勝領事部長及伊藤檢察官終於來了。岡田先生12月時也有來會面。岡田先生還是第一個連續兩個月進行會面的人。

其後因爲新冠肺炎疫情擴大，沒辦法進行會面。中國政府爲了防止感染，要是不打中國製的疫苗，就不能見受刑人。卽使新冠疫情期間不能會面，岡田先生還是一個月打一次電話給我。

日本大使館員幾乎都不信任中國製疫苗，所以沒有接種。我能理解這個心情。而岡田先生爲了見我，還打了中國製疫苗。似乎是因爲收到我寫的信：「雖然我懂這個心情，但是作爲工作的一部分，爲了會面也應該接種才對不是嗎？」所以他就爽快地接種了的樣子。

大概在２０２１年３月左右吧，岡田先生說：「我接種了疫苗。」並來見我時，我眞的非常開心。當時岡田先生已經從領事部長升格爲總務部長（公使），即使如此，他還是打了中國製疫苗，一個人來見我。我當時想說日本還有這樣的外交官，眞是值得驕傲。

岡田先生成爲總務部長後，新任領事部長大約每45天會來一次會面。之前提到的監獄待遇改善，也是在岡田先生努力之下得以實現。至今我還是非常感謝岡田先生。

日中針對日本人監禁的交涉

我每次見到日本大使館員，就會詢問關於日本監禁者的相關情勢。以下是這段時間從大使館員那裡聽來的情報。我回國後調查了日中首腦會談相關報導，但幾乎沒有關於日本被監禁者的中方發言。

中國的中央政治局委員會兼外交部發言人楊潔篪２０１７年5月29日訪日，並和安倍晉三首相（時任）在31日進行會談。恐怕就是在那次會談吧，安倍在我被監禁後首次要求中國釋放日本被監禁者。楊先生則回答：「這必須基於中國法律裁決，他們犯下中國法律而被捕，所以無法釋放。」我回國後，看日本的報導，楊先生當時跟岸田文雄外相（外交部長）、菅義偉官房長官、谷內正太郎國家安全保障局長（皆為時任）也有會談。他與谷內似乎討論了五個小時。

之後中國外交部長王毅（時任）於2018年4月訪日，和安倍於16日會談。安倍當時也要求早日釋放日本被監禁者，而王外交部長只回答了跟楊先生一樣的答案。

第一次在日中首腦會談中提及日本人監禁問題，是安倍於2018年10月訪中那次。他與習近平國家主席會談，但後來我從岡田先生那裡聽說，習近平的態度很冷淡。習近平大致的發言為：「這是在中國發生的事，由中國法律來處理是理所當然的，所以無法釋放。」

下一次的日中首腦會談在2019年6月，習近平為了參加G20而拜訪大阪。習近平說：「中國有法律，所以會基於中國法律來裁定。但我明白大家說的意思。」語氣稍微有點變了。

中國習近平國家主席（右）及安倍晉三首相（時任）2019年12月23日於北京人民大會堂共同會面。新華社／共同通訊社提供

習近平的發言在2019年12月，於北京進行的日中首腦會談上大幅改變。首腦會談主題似乎可大致分爲三個。根據岡田先生所說，一是關於習近平的訪日，安倍表達：「明年櫻花開時，希望再邀你來日本。」第二個是中國進口日本農產品的問題，第三個「就是鈴木先生你們的事。習近平給了至今爲止最有希望的答案。」借岡田先生的話，習近平好像說了：「我明白諸位日本朋友的意思。雖然困難，但我會以我的方式努力看看。」我想起當時岡田先生有點興奮地說：「鈴木先生，安倍首相引發了相當好的反

應。習近平先生的答案愈來愈好了。」想想岡田先生眞的對我的釋放做了很多事。

中國人的面子大於一切。習近平如果應安倍的邀請訪日時，卻被記者問到：「日本被監禁者怎麼樣了？」應該會掛不住面子吧，所以在他訪日前是不是會釋放幾個人呢？我是這麼推測的。而那些人之中會不會也包含了我呢？我也想了這些事。但是因新冠疫情擴大，習近平的訪日行程最終沒能實現。

無法發揮外交力的大使館

2017年安倍晉三首相（時任）開始有所行動的消息，對我來說是個好消息。首腦之間都有會談了，日本大使館會有什麼動作呢？我也十分關心這點。我問了在龜井啟次後就任的第二位領事部長：「領導人這樣發言後，大使館跟中國有什麼反應呢？」結果領事部長的回答是：「日本的領袖已經在做了，我們也沒辦法做更多了。」

我大聲說：「這太奇怪了吧，領導人都這樣發言了，大使館是日本國的駐外機構，當然應該跟隨其後不是嗎？你們有沒有幹勁啊？」在場的岡部一等書記官制止了我：「鈴木先生，我們不是來吵架的，請停止吧。也沒時間了。」但我至今還是沒能接受這個領事部長當時的發言。

我不是打算批判所有的外務省公務員。其中也有像岡田勝先生或岡部這樣爲我設身處地努力的大使館員。但是回顧第一、二位領事部長的發言，實在感受不到他們的幹勁。應該說完全感受不到他們想改變現狀的意志，只是置身洪流等待時間過去而已吧。面對俄羅斯入侵烏克蘭，或是中國加強侵略政策，日本需要外交力的時代必將來臨。但是外交第一線人員如果這麼軟弱，日本會愈發受到輕視，我十分擔憂這點。我不是說應該去挑釁，而是什麼事都很被動，缺乏自己劈開一條道路的態度，讓人看了很火大。

「大使館員是怎麼看待我們這些人的釋放？今後打算怎麼做？」我經常問這問題，但他們的回答都一樣。

「如果有日本的大臣或代表團訪中跟中國幹部見面時，我們一定會請他們談談日本被監禁者的事。」

總是這句台詞。新冠疫情後根本沒有代表團來，但他們的回答還是一樣。大使館本身不去跟中國交涉嗎？那大使館存在的意義是什麼呢？該不會早就已經失去意義，變成了只是順利接待日本訪中團，然後平安地讓他們回國，一個「負責辦理手續」的組織也說不定。

我想起在看守所時，因收賄而入獄的中國前警察說：「鈴木先生要是不能早日回國，就證明日本的外交力很弱。要是換成美國應該不會發生這種事。」即使要提升外交力，也不是嘴巴說說那麼容易，這我是理解的。另外，也不能一味誇獎美國，但是，至今在中國沒有美國人因間諜罪被監禁。另一方面加拿大或澳大利亞人卻有遭到監禁、逮捕。這例子這到底意味著什麼，我們不得不認眞地問。

2023年3月，中國進行第14屆全國人民代表大會，中國政府爲了強化取締間諜行爲，修正了「反間諜法」。國家主席進入第三任期的習近平更加重視「國家安全」。修正法實施後國家安全部的權限更加擴大，像我這樣在中國國內活動的日本人，被舉發或監禁的可能性或許又比原來更高了。因爲中國當局也更加強監視，外國人必須更加謹慎。並且，建立日本外務省的危機管理機制應該是當務之急。

第五章

日中關係何去何從

現今所追求的日中民間交流

中國監禁我的目的究竟是什麼呢?中國在2014年制訂反間諜法後，就不斷強化舉報機制。在日的中國大使館及總領事館幹部們不僅有共青團出身的人，也有外交部或中聯部的人，他們在短暫回國期間裡，有的被當局監禁，有的受到盤查。另外權力鬥爭或許也是一部分原因，至今爲止，共青團出身的人都會被錄用爲各個機構的上層幹部，但在習近平體制下，這個管道變得困難了。預算也被削減，使得共青團幹部都不禁感嘆：「公務車從12台減到剩2台，幹部去中南海（共產黨、中國政府重要機構及要人所居住的地區）還要搭計程車。」

我被監禁的2016年及前一年2015年，是習政權制訂的「中國安全年」，在那之後有很多日本人被抓。爲了保護國家安全及社會安定，要建設強國的中國，這是習政權的思考方式。

包含我在內，之所以會產生這麼多日本被監禁者，我認爲背後可能有三個原因：一是想切斷日本公安調查廳及內閣情報調查局等單位傳遞中國情報。二是透過舉報，對外交部、中聯部、還有共青團的人脈施壓，防止日中友好關係人士之間的交流導致情報外流。三是讓日中關係變差。

爲了殺雞儆猴，我們這些人被監禁，除了防止我們將情報傳到日本，同時也能排除共青團吧。習近平於2022年10月的人事異動中，首次讓國家安全部長成爲中共中央政法委員會的領導人，從這件事來看，我認爲今後中共的情報控制，也就是對國家安全問題的態度，將會變得更加嚴苛。

可惜的是，習政權的目的似乎也奏效了。在那之後，日中友好關係人士大多不再訪中。另外，學者也避開了中國。我認識的大學教授也說：「因爲害怕被監禁，所以已經沒辦法再去中國了。」交流如果減少，也就能阻止情報外流。

但是副作用想必也很大。我害怕的是日本跟中國的民間交流逐漸變少，會讓兩國關係蒙上厚重的陰影。透過民間交流創造出和平關係是很重要的。日中關係的特徵，就是過去相當活躍的民間交流。這在他國之間是見不到的。中國是非常複雜且難纏的國家，要理解中國很困難。所以民間層級進行各種交流很重要，但這樣的機緣因爲日本人被抓而逐漸萎縮，絕不是件好事。

透過民間交流在日中之間製造許多的管道，努力透過這點相互理解並形成信賴關係，這應該是改善現狀的唯一方法吧。爲此我再次強調，習政權應該盡早改變阻礙人民往來的政策。

現在有八成日本人對中國不抱有好感，認爲日中關係惡劣的人超過九成。確實中國有很多問題，不僅是強權體制、透明度也低，還很封閉。即使新冠疫情陷入嚴重狀況，卻沒有好好發表相關數據，就是很好的例子。另外因爲疫情原因，日韓兩國對中國來訪者進行PCR檢查等邊境對策後，中國就說這是「歧視」並進行抗議，中止了日韓的簽證申請（中國於2023年1月29日後重新再開放日本人的一般簽證）。看到中國的疫情後，我認爲日韓兩國政府的應對很妥當，但中國對此卻採取強權式的報復手段。這種地方是中國被討厭的最大理由吧。最近美國領土上空出現中國無人偵查氣球的問題也是一樣的，爲了幫自己正當化而跳腳的樣子，是近代國家所不應該發生的。這種把自己的政策強硬正當化的獨善其身態度，絕對不會被全世界認可的吧。中國難道不應該多加考慮世界各國的觀感嗎？

貫徹強硬態度的中國，擔憂隨之攀升

我們試著回顧看看最近的日中關係，中國在2010年GDP超越日本，僅次於美國達到世界第二（順帶一提，日本2021年時爲第三名，但今後可能會被第四名的德國超越）。該年9月發生了中國漁船在釣魚台海域的相撞事件。以此爲開端，日中關係惡化到前所未有的狀況。中國的激烈行動引發日本國民很大的不安，後來發展爲日中交流停止，以及對中國的經濟制裁發展。加上中國更加強大的軍事力，許多日本人都擔憂中國會不會強行用軍事進行壓迫。

另一方面，日中經濟關係相互依存的情況也變得更深。對日本來說，中國是最大貿易夥伴，日本也是中國第五大主要貿易夥伴（2022年），現實來說，日本經濟是不可能脫離中國來談的。中國的健全發展對日本來說也是必要的。

問題是在習近平政權下，「大國外交（中國是這麼稱呼的）」的強權體制似乎會持續下去。習近平於2022年10月在中國共產黨大會上，拔擢王毅外交部長（時任）爲政治局員。且王毅也作爲中共外交政策負責人，就任**中國共產黨中央外**

釣魚台的中國漁船相撞事件，抗議中國政府回應的遊行隊伍，2010年10月16日於東京都港區中國大使館前，共同通訊社提供

事工作委員會辦公室主任[8]。外交部長則由前駐美大使的外交強硬派秦剛就任。

王毅是日本通，也擔任過駐日大使，但他大概不喜歡被說是對日本態度軟弱，所以想採取強硬態度吧。我認爲「王秦組合」很有可能採取以中國爲優先的大國外交。習政權可能也會繼續加強這樣的強硬外交（戰狼外交）吧，在中國國內則是民族主義、愛國主義高漲，這也是中國持續進行霸權主義外交的原因之一，需要留意。

（左起）王毅及秦剛
2023年1月11日，共同通訊社提供

在新日中關係中，日本應該學會的事

當中國加強展示大國的姿態時，日本應該怎麼應對呢。我一直認爲日本和中國在冷戰體制時，擁有超越東西對立的特別關係。這背後有著長年的民間交流及久遠的歷史支持。但是我們不能只仰賴這點，我認爲這需要依賴日中彼此將對方視爲特別的國家，每個人抱持著戰略性思考來拓展人脈，

8 中國共產黨中央外事工作委員會辦公室：負責中共外交政策立案、決策的機構。據說由外交部、中聯部、商務部、文化部、人民解放軍、公安部、安全部等組成。現在的辦公室主任爲王毅前外交部長。

並為之付諸努力，不這麼做的話，日本和中國至今建立的外交關係，將會為日後的日中關係帶來不穩定因素吧。

對此，我們應該以二戰後，日本外交與安保是以日美同盟為基礎來思考，重新修正日漸鬆散的外交軌道。自俄羅斯侵略烏克蘭以來，中國威脅論在日本社會的呼聲愈發壯大，日美同盟也開始加強，除了日美同盟外，日本也打算跟英、德、澳等西方國家及印度進行合作互動。我並沒有要否定這些行動，但日本跟中國作為鄰國，對中國應該也要有獨自的立場才對。

２０２２年11月，岸田文雄政權為了整備攻擊敵方基地的能力（現在改用「反擊能力」來稱呼了），經內閣決定將國防預算調升到ＧＤＰ佔比２％。也持續跟美軍整合，朝著包圍中國的方向前進，但這樣做真的好嗎？

我認為就算是以日美安保為基礎，也應該好好將對中關係視為一種戰略定位。不只是依賴經濟互相依存的關係，也不該煽動中國威脅論，建立起新日中關係是必要的。

為此，首先日中兩國領袖應該抱有強烈的意志跟意願，「想要建立良好的日中關係」並採取對應措施。日本過去雖以日美同盟爲基礎，但如果中國發展大國霸權主義的話，對日本來說就要有所覺悟，雙方會變成危險至極又麻煩的敵對關係了。這應該要避免才對吧。

日中兩國的外交、國防、經濟負責人都應積極進行戰略對話，讓危機管理機制運作，這應該是相當有效的。另外雙方領導透過對話來建立信賴關係也很重要，兩國領袖及國民間要是產生一定的信賴感，這也會帶來歷史性的和解，就會重新建立日中關係不是嗎？

現在日中雙方都顯著民族主義化，日本政界及論壇也帶有強烈的「厭中」情緒，但不同的是，中國主要是由民眾帶頭。所以以日本國會議員爲首的領導層不應該開玩笑地宣傳中國威脅論，而要冷靜地討論才對吧。另外，中國政府也要停止利用民眾的民族主義作爲維持政權的工具，應該以友好關係爲目標才對。

日中之間的歷史認識問題沒有像日韓之間這麼嚴重，但也應該慎重處理。日本過去發動了侵略戰爭，讓中國大量犧牲了寶貴人命及資產，這是歷史事實，我們絕不能忘記。直到現在，日本政治家等國家領導階層還有否定這些事的發言及行動，令人非常訝異，應該擺脫這些立場。另一方面雖然我已強調多次，但中國領導層也應該停止利用對日批判，來減輕對民衆對政權的不滿。我認爲日中雙方的未來會因願景而產生變化，改善兩國關係並使之進化才是最佳道路。

成爲皇帝的習近平及強權政治

在2022年10月第20屆中國共產黨大會上，習近平總書記第三次就任國家領導人。憲法79條規定的原則是國家主席最多經歷兩期10年就需要卸任，但習近平在2018年成功刪除了這條規定，打開通往第三任期的道路。在黨大會上，習總書記將所有權力攬於一身，成功建立了權威體制。現行中國憲法於1982年施行，爲了不讓至死都不想放權的毛澤東獨裁體制再現，當時鄧小平中央政治局常委會限制了國家主席、副主席任期。但是習近平卻爲了自己的獨裁而排除了黨內的異議。

習政權開始後，中國就大幅改變了。雖然中國經濟更加成長也是事實，但「目標成爲第二毛澤東」的習近平，將憲法明記的黨的「核心」變成了「習近平思想」。

習的第三任期，中國共產黨新中央政治局常委會。（上段左起）李希、蔡奇、趙樂際、習近平總書記。（下段左起）李強、王滬寧、丁薛祥，2022年10月23日於北京人民大會堂，共同通訊社提供

「習近平新時代中國特色社會主義思想」以實現富強社會爲號召，是毛澤東時代政治風格的「一強」型強權政治，對外則是霸權主義。

習近平透過共產黨大會的人事異動來更加強化權力基礎，爲此必須結成自己的派系，並將與他關係緊張的共青團出身者從要職上拔除，只留下對自己忠誠的部下擔任中國共產黨中央常務委員會，來強化其權力體制基礎。我想習到死爲止都不會放開權力，卸任後應該還是會繼續攝政吧。

隨著經濟發展而惡化的貧富差距問題

中國共產黨基本路線爲「團結全國各民族，爲了努力建設我國成爲富強、民主、文明、和諧的社會主義近代國家而奮鬥」。

爲此必須：①要以經濟建設爲中心；②堅持「社會主義道路」、「人民民主專政」、「共產黨的領導」、「馬列主義及毛澤東思想」四項基本原則；③改革開放。

但是習近平政權不像是要沿著中國共產黨的基本路線。不要說人民民主主義了，還鎮壓民主化行動，推行這類強權舉動。另外說是社會主義，貧富差距卻擴大，只有一部分富裕階層受到經濟上的恩惠而已。

習政權最大成果爲反貪腐，這是爲了消除國民對富裕階層及黨幹部的怨恨，並因此再度獲得國民的廣大支持。另一方面也藉此排除政敵及鞏固自己的基盤。在最初任期五年內一口氣累積下來，習近平的大膽野心更加將中國推向了極權社會。

2013年11月9～12日所舉辦的中國共產黨第18屆中央委員會第三次全體大會上，提到了經濟及司法、腐敗、環境、農村人口、安全保障等多樣化的問題改革案。這些大膽改革提升習近平的威信，成功鞏固了他的權力基礎。

開放政策讓中國經濟有了令人目眩的發展，但同時也讓貧富差距問題惡化。當今的共產黨政權在之前相當程度承認了經濟活動的自由。人人的欲望都得到了滿足後，即使國民的政治自由（集會、結社、言論出版自由等）受到限制，還是可以成功壓抑人民的不滿。在鄧小平的指導下，中國自1978年開始實施改革開放的經濟政策以來，財富累積相當顯著。2010年，中國GDP達到世界第二，但人均GDP卻連50名都排不進去，可說是表現出了現實中的貧富差距。富裕階級及貧困階級、都市勞動者及農民、沿海地區及內陸地區，中國存在著強烈的貧富差距。現狀是2億6000萬人的農民工（農村的勞動力）在城市沒有戶籍（日本所謂的住民票），無論是職場上社會保障、小孩義務教育等權利都跟都市居民不平等。在北京及上海等都市，將日本所謂的3K工作（辛苦、骯髒、危險）都交由農民工負責，沒有他們就沒有辦法維持城市機能，但是都市勞動者和農民工的階級差距卻相當巨大，一般認爲現在已經難以修正。

即使如此，農民工還是拚命往都市流動，造成農村人口猛烈減少而荒廢，為了守住農地，農業公司成立並採用大規模農業，但結果是否順利還是未知數。

以富裕階級為中心的「勝利組」為了不讓自己享受的優勢消失，不打算改變，甚至為了不被「失敗組」奪走既有利益而開始自我防衛，排斥弱者。

現在中國進行的社會主義很難稱為保證所有人都有公平且豐富機會的機制，雖然習政權強調以人民中心的「親民路線」，但並沒有認真想改變榨取農民及勞動者的社會結構。中國社會已經成為經濟發展掛帥及弱肉強食市場機制的社會，經濟上的弱者主張自我利益的手段也相當有限。

習政權想要實現全民「共同富裕」。首先支持了第一階段的「脫貧活動」，讓農村觀光地化及支援農民創業的融資。結果農民所得增加，號稱「脫貧活動」勝利。但是觀光化只是因應國家創造出的官方需求，恐怕只是暫時性的。也有很多聲音指出創業農民可能無法還錢。根據官方數據，估勞動人口比例75%的農民，其收入只有都市公務員的四分之一，但實際上應該更少吧。

中國共產黨為了將農村都市化，打算在農村及都市之間打造出中間都市，但卻沒有辦法確保想去都市的農民會流向中間都市。

貧富差距要如何縮小呢？加上中央政治局常委會爲了修正經濟上的差距，「共同富裕」政策操之過急，對獲得巨額利益的IT企業及不動產業界加強施壓，導致衰退加速。2022年11月，中國年輕人們無法承受伴隨嚴格行動限制的「清零」政策，在中國各地掀起抗議行動，使得限制政策緩和，促使方針轉向經濟成長。但是即使景氣恢復，也難以期待像之前一樣的高度成長。習政權的阿基里斯腱，或許就是貧富差距也說不定。另外，習政權短期內或許可以維持安定，但是否眞的能夠長期維持呢？

中國被要求的「大國責任」

「中華民族偉大復興」爲習近平政權近年外交政策的重要核心。習近平認爲「沒有強勢外交就稱不上強國」，展露了「強國」的野心。習近平貫徹強軍思想，希望2027年爲止實現「建軍百年奮鬥目標」，目標是建立「世界一流軍隊」。

習近平雖然打造出對他國絕不妥協的強力領導的形象，這也是為了治理因貧富差距而使得階級裂痕更深的中國社會。利用「成為大國」的夢來訴諸愛國心，並轉移民衆的不滿。

對日問題也在這樣的脈絡下被利用。中國不允許向過去曾侵略中國的日本妥協，經常表示強硬立場。習近平的目標「偉大復興」裡面包藏著洗刷「民族屈辱」的背景，也包含了想要一雪過去對列強諸國怨恨的意思。特別是中國共產黨為了確保政權正統性，想要團結國民，所以催生出經濟成長掛帥主義，加上「愛國主義」及「民族主義」，很巧妙地利用了民衆的怨恨。

換言之，①主張南海的南沙群島主權爭議及釣魚台主權，②面對西方各國要求的尊重人權，中國則高舉主權及發展權的大旗反對——在這兩點背景下，習近平打算加強中國國內統治的政治意圖十分明確。

但是習政權高舉「負責任的大國」旗號，想對抗逐漸壯大的中國威脅論，西方各國反而利用這點，要求中國「履行大國的責任」。雙方互相陳述主張，而現狀沒有這麼容易改變，現實是中國的霸權主義將更加強化。

其中美中關係相對緊張。習政權將美國視爲對手，美國則因中國爲「想改變國際秩序，且是具有如此想法與能力的唯一競爭對手」而引發了競爭心。

２０２３年３月，在中國主辦的全國人民代表大會上，習近平國家主席以「安全才是發展基礎，安定爲強大的前提」，強調增強國家安全保障體制的必要性，並且針對台灣問題「強烈反對外部勢力干涉及『台灣獨立』分裂活動」。暗中牽制美國。中國國防費用比前一年增加7.2％，達到１兆５５３７億元人民幣（約30兆５５００億日圓），讓國際社會不信任感更強了。

中國應該要追求的是深化跟美國的和平發展及相互依存關係才對。極端地說，增強軍備及民族主義會讓全世界感到不安，應該停止。這樣中國的處境只是更加孤立而已。對中國來說，孤立可能是國際社會「封鎖」中國的結果，但透過武力尋求單方面改變現狀的是中國。應該停止透過軍隊擴大展現霸權主義，改而追求中國作爲和平國家，在國際舞台上履行「大國責任」。

日本在解決台灣問題中的角色

「中國大陸與台灣屬於一個中國」是國際政治中習以爲常的場面話。而現實是另一回事。台灣問題自1950年代以來，就是亞細亞太平洋區域安全保障問題的焦點，台灣處於至關重要的位置，而各國對「一個中國」的理解則有其差異。

中國認爲台灣是核心利益，是絕不能讓步的問題。習近平國家主席於2019年對台灣統一提出了5條要義。這是「新時代對台工作的綱領性文獻」，並強調「台灣是中國一部分（中略）兩岸關系向前發展的時代潮流，是任何人任何勢力都無法阻擋的」。在邁向長期政權的同時，習也抱有親手實現統一的野心，並且想將毛澤東與鄧小平都無法實現的「統一」作爲自己最大的政績吧。

美國衆議院議長南西・裴洛西於2022年8月訪台時，中國猛烈表示反對，並在台灣海峽進行大規模軍事演習，難道中國沒辦法採取更克制的行動嗎？當然，裴洛西輕率的舉動應該受到譴責，若是台灣有事，東亞整體受到的影響將不計其數。美中兩國都應更愼重對待。

在台北參加會議的南西 裴洛西美國眾議院議長（左）及台灣蔡英文總統，2022年8月2日台北／共同通訊社照片

習近平爲了跟美國互角而想要把中國打造爲強國，達成兩岸統一——他相信這會帶來中華民族的偉大復興。習近平斷言：「台灣問題必將隨著民族復興而終結。」明確表明要在中華人民共和國迎來建國百年的2049年前實現統一。也有些人認爲他打算在第三任期結束的2027年以前實現此目標。他在2022年8月10日發表的「**台灣白皮書**」[9]中，打算「排

9 台灣白皮書：與上一版間隔22年，中國於2022年8月發表針對台灣問題的《台灣問題與新時代中國統一事業》白皮書。因台灣民進黨政權加強「獨立」的作爲，中國表示對美台關係的不信任，將和平統一作爲解決台灣問題的「最佳方法」，但同時也再度提及「武力統一」的可能性。

除」強化台灣獨立性的民進黨來促進統一事業，並表明決心卽使訴諸武力也要達成統一。面對毛澤東及鄧小平等歷代中國最高領導人都無法實現的統一問題，習近平的決心不見動搖。

但是台灣問題的前提是和平解決，和平統一應該是中國共產黨一直以來的方針才對。統一也得考慮台灣方面的情勢。而且理所當然的，也必須聽取台灣的意見。另外，政權在民進黨或國民黨手上，中國的應對也會有很大不同吧。

關於台灣方面，中國及台灣之間的「九二共識」，中國方面認爲「雙方同屬一個中國」，但台灣是認爲「一個中國，各自表述」，其實認知並不一致。台灣的蔡英文政權（民進黨）表示：「九二共識一開始就不存在。」並拒絕接受。今後台灣也不會接受「一個中國」或「一國兩制」吧。特別是「一國兩制」的問題，中國與國際社會約定維持香港50年不變，但中國卻反悔了，並破壞了香港的民主主義。然後中國基於國家安全法鎭壓了追求民主主義的人們，這種粗暴的做法當然也受到台灣人們的關注。相對於獨立立場強勢的民進黨，大陸派的國民黨在看到香港現狀後，也與大陸保持了距離。

即使中國說：「台灣是中國的一部分」，但並未受到承認。並不是主張什麼都會受到國際承認的。如果中國跟台灣之間發生戰爭（對中國來說是內戰），美國適用台灣關係法而參戰的可能性很高。這樣一來，日本國內的美軍基地，也就是三澤、岩國、佐世保、橫須賀、沖繩就得展開軍事作戰了。台灣如果有事，日本也認定這是有存亡危機的事態，則日本也會發動集體自衛權參戰，而恐怕會將全世界捲入戰爭中。

要是招致這樣的事態，中國會遭到孤立，改革開放政策失敗，**一帶一路**[10]政策也會失敗不是嗎？這樣的話，可以預料到習近平將會失勢。

中國應該尊重台灣，讓其發展人權及民主主義，使經濟成長並擴大雙方交流吧。如此一來就會產生信賴關係，即使不強硬統一，雙方互相理解的一天也會到來

---

10 一帶一路：中國2017年開始推動，跨越中國及中亞、中東、非洲、歐洲之間的跨國經濟帶構想。最初是習近平總書記於2013年9月7日，在哈薩克的演講提出共同建設「絲綢之路經濟帶」，分為從中國連結歐洲的陸上絲路「絲綢之路經濟帶」（一帶），以及中國沿海連結到非洲東岸的「21世紀海上絲綢之路」（一路）兩條路線，促進基礎建設的整備及貿易等計畫。

才對，如此一來雙方透過溝通並達成統一，應該是有可能的才對。

對現在的中國來說，台灣是中國不可分割的一部分，對阻礙統一的勢力不惜使用武力，中國透過這類粗暴的言論來牽制美國及日本，現在也無法冷靜地接受國際社會批評。

日本雖然以日美同盟爲基礎，推進跟美國一體化，但日本是西方成員的同時，也是亞洲的一員，這件事不能忘記。日本有整合亞洲的責任，另外，中國及台灣在地理學上及歷史學上，和其他國家之間有著不一樣的性質，爲了尋求和平及安定，日本對雙方都擁有唯有日本才能扮演的角色才對。日本對中國應該積極發言的同時，也需要訴諸對話的重要性。這正是應該發揮外交重要性的時候。對台灣也應該在不刺激中國的情況下，積極發揮作用才對。

習近平政權下被擱置的人權問題

對西方諸國來說，中國國內人權問題是不可忽視的問題。至今爲止，中國因爲黨國一體而對人民進行嚴格的管理，很大程度限制了國民的自由及權利，也大量鎮壓提倡擴大政治權利及言論自由的人們活動。

最近新疆維吾爾自治區的人權問題就是很嚴重的例子，中國政府認爲經濟發展便是最大的人權保障，因此無視西方國家的批判。隨著香港國家安全法的成立，伴隨而來的人權侵害問題及國際批判聲浪，中國也說這是干涉內政而沒有改善的意願。

然而習近平卻仍聲稱「中國有中國的人權」，以國家的「發展權」爲盾牌，主張中國和西方諸國的人權不同，利用「發展權」限制言論及出版自由，習政權下的中國人權狀況明顯惡化。雖然江澤民及胡錦濤時代也稱不上很好，但就我個人感覺，現在的情況比當時更加糟糕了。

人權問題是中國國內最大的問題之一，但現在完全被放置不管。不如說爲了確保經濟發展，放棄權利的中國人也很多，且一般國民完全不見對此的關心。

在共產黨一黨專政的體制下，要實現①複數政黨自由選舉；②言論、表現、報導自由；③法治——等民主主義基礎的理念，在習政權下是不可能的吧。中國明明在經濟上已經發展成大國了，但卻無法見容民主主義這種可說是普世價值的概念，這種狀況會持續至何時呢？而只對一黨有利的規則又能維持到何時呢？中國難道不應該成爲公正開放的國家嗎？不這樣的話，無法成爲「負責任的大國」。

結果，中國共產黨對危害一黨獨裁體制的人物（被稱爲人權派或改革派的人們）更加嚴苛了。不僅如此，他們一面高喊著國家安定，同時以外部勢力危害中國國家安全作爲理由，對外國人及外國勢力有關的中國人進行監視的狀況，也會更加嚴重吧。另外，前面也提到中國標榜的目標是成爲法治國家，但現實卻完全稱不上是個法治國家。從我被監禁一事就可以清楚得知。

在習體制下，國家保密局及安全部的權限被放大，以監視居住爲首，實施各種無視人權的措施，我擔心今後這種狀況會更加蔓延。在「經濟發展」這看似華麗的舞台表面背後，存在的是言論、表現自由被剝奪的事實，以及許多人被鎮壓的事實，我們不應忘記。

尾聲

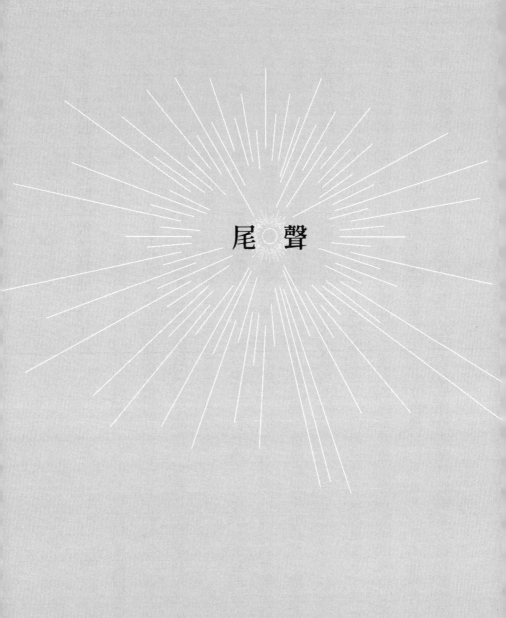

未來也將持續談論被監禁的六年

２０２３年１月１日，我迎來回國後的第一個新年。早上，我在神壇及佛壇擺上鏡餅，以及今年第一杯御神酒。我家的習慣是由男性來製作新年的料理，還有元旦不使用菜刀。所以我用除夕夜預先切好的蔬菜煮了雜炊。我把從小持續到現在、我家年初的一連串慣例做完後，睽違七年在自己家裡迎來了新年。

將隨著年節料理一同端出的御神酒含入口中後……我流下了淚水。將料理送入口中後，又再度流下了眼淚。家人們雖然都沉默著，但在父親開口說：「今年是個好年！」後，大家也開始聊了起來。今年90歲的父親，這段期間似乎都是一個人迎接新年的樣子。見到父親開心的樣子，我的淚水不斷湧出。

我在２０２２年10月11日回國，其後過了半年。這段期間，最初是ＴＢＳ的新聞節目錄影，其後是每日、朝日、讀賣、產經等各日本媒體，還有共同通訊社（據該社說法，其合作的30家地方媒體約發行１０００萬份）、ＮＨＫ、日本電視台、富士電視台、Ａｂｅｍａ及月刊《中央公論》等，有諸多媒體都報導了我的事件。

接受每日新聞採訪，說明中國偵訊及刑法的筆者
2022年10月20日於東京都千代田區，每日新聞攝影

其迴響之大，直到現在我也還是十分驚訝。

有這麼多媒體報導的原因，是因為過去因間諜嫌疑被逮捕的人們，在被釋放後三緘其口，而我則把六年來經歷的慘烈日子說了出來吧。周圍反應多為對我的同情，但也有許多「說這麼多，你的人身安全還好嗎？」等擔心中國方面會有所動作的擔憂意見。另一方面，媒體方面的多數論調皆表示對我的同情，讓我放下了心中大石。

我公開這段期間發生事件的理由，已經有許多媒體說得很清楚了，主要有兩點：①希望今後不會再有像我這樣的人；②希望傳達中國人權的實際情況，希望中國共產黨及政府改善人權問題。

雖然許多人可能已經知道我六年來被監禁的事，但是只要一天沒有正式發表，我認爲用自己的話去講述，就會是我的義務，這也是我公開發表的理由。明確表示「我不是間諜」是相當重要的，而說明我至今爲止在中國的活動也是必要的。

有家族成員認爲我應該避開媒體採訪，這也是事實。加上我家在茨城的農村，要是媒體想來我老家，會鬧得村子雞飛狗跳吧。我在鄉下長大，十分理解那會有多困擾。我也總是不想帶給家人困擾，但是，公開被監禁期間的眞實情況，我認爲是我的責任。這種心情至今未變。

多數媒體的委託我基本上都會接受。萬幸的是每家媒體都相當有禮，對於我無理的請求也都很爽快接受，眞的非常感謝。借這個機會，我想向各方媒體表示謝意。

回國後，不僅是親戚，鄰居的人們、恩師及友人們也給予許多慰問及鼓勵的話，其中也有相隔50年打電話給我的高中時的朋友。所有人對我表示同情的同時，也都關心了我的健康。

其中我20年來的朋友，也是東京都世田谷區區長保坂展人對我說：「生還就是奇蹟了。」他應該是擁有中國相關知識，也知道中國國家安全部是怎樣的組織吧。我能這麼有精神，在這個意義下確實是奇蹟也不一定。那麼我爲了中國的健全發展，不只是對日本人，也應該對全世界的人們發言才對。這不僅是爲了民主主義的發展，對於我經常思考的人道主義發展，也是至關重要的。

而雖然理所當然，但回國後的三個月，我真的每天都很忙。首先是要恢復駕照，駕照失效後要恢復，必須有「難以避免的理由」，茨城縣警駕照課判斷我被中國監禁六年是「難以避免的理由」，恢復了我的駕照。

關於年金及健保問題，負責窗口們也都理解了我的狀況，事情辦得很順利。唯有年金有65歲門檻，這六年來我都沒辦法繳納，所以回國後雖然想將期間未繳的部分全都付清，但是過了65歲後（我對年金一無所知，所以以爲在外國的時間不會計入），就沒辦法補繳了。所以即使我想補繳不足的部份，但過了65歲就無法，馬上就得開始領了。雖然非常感謝，但金額比自己原先預計的少，實在非常遺憾。

手機方面也很困擾。由於我六年來都停留在中國，所以當然不可能支付費用，期間手機被電信公司強制解約，並被加入了黑名單。雖然這也是當然的，但以前的號碼也不能用了。而且還要付淸強制解約的費用才能購買新機。獲得新的號碼後，我總算可以使用手機，那是在我回國一個月後的事了。

六年來，我都吃著很粗糙的食物，所以也很擔心自己的健康狀態，但接受醫院健檢後，因爲監禁期間不能隨意喝喜歡的酒，萬幸的是血液檢查什麼毛病都沒有，數值前所未有的健康，讓我開心之餘也感到心情複雜。

像這類回國後驚訝的事還有不少，但抵達成田機場後我首先驚訝的是新冠肺炎的檢查。我在北京注射過三次疫苗，回國前也接受了PCR檢查，所以很安心，結果機場的氣氛完全讓人放鬆不下來。六年前我走慣的通道，因爲新冠檢查的關係擺上了電腦設備，必須自己申請手續。六年沒用電腦的我不知所措，向承辦人員求助後才終於辦完手續，得以入境。

在中國被關的期間裡，也是透過新冠肺炎的新聞得知中國國內的疫情發展，但是對於日本的狀況、感染者人數等，我除了數據以外什麼都不知道，所以光是了解現狀就花了些時間。之後，卽使接種了三次中國製科興疫苗，還是因爲中國跟日本疫苗不同的理由，必須在日本重新接種。2022年末，我終於結束第二次的接種，在打針時被問到：「您是第一次接種嗎？」實在很討厭，就給他們看了在中國的接種證明，並說明：「我最近才回到日本。」

雖然這也是理所當然的，但各種手續都由市公所幫我辦完，讓我再度感受到日本公家單位的厲害，同時也不禁覺得中國政府的行政並沒有爲國民服務。

不久前我因爲擔心胃的狀況，接受了胃鏡檢查，沒有任何問題後，總算安心下來。之後還預計要檢查大腸和癌症。會開始擔心疾病，主要是因爲這六年間持續接受粗糙的飲食跟醫療。回國當時我只有68公斤的體重，也因爲有日本的食物和喜歡的酒，過年時胖回了75公斤。今後要小心不能變得太胖。

回國後，許多朋友都因爲擔心而來見我，和朋友見面後大家年紀都大了，讓我嚇了一跳。當然我也一樣，我再次看到自己鏡中的樣子後，發現白髮增加了，頭髮也變少了，讓我吃了一驚。因爲被監禁期間，手邊沒有比較像樣的鏡子，所以一直沒辦法看到自己的模樣。結果現在一看鏡中的自己，頭髮已經少到可以看到頭皮，不只是臉上有皺紋，還開始到處都散布著小小斑點了。

以前要參加同學會時，我還覺得自己外表算年輕的，所以受到不小的打擊。應該是因爲脂肪急遽減少，皮膚卻沒有跟著縮回來吧，所以臉跟身體都看起來很顯老態。西裝跟襯衫當然尺寸也不合了，穿起來鬆垮垮的，我不得不先穿上20多歲後半時穿的運動衫，然後急忙又買了兩套西裝和一件外套，雖然是體面多了，但也多少擔心以後身型是不是又會改變。

我在被北京市國家安全局監禁期間裡，以前曾受到諸多照顧的人們也逐一過世，這件事我眞的非常遺憾。2018年，作爲我長年的朋友，也是日中友好運動的恩師兼前日中協會理事長的白西紳一郎先生，在大阪市內的飯店意外亡故。白西先生生前似乎曾和外務省談過我的釋放問題。2019年4月，社會黨副書記長的曾我祐次先生過世。而前駐日中國大使館公使的丁民先生，以及對我來說有如在中國的父親般、也是中國國際交流協會副總幹事的劉遲先生，我們長年保持著深厚的情誼，他們也相當擔心我的事，我一面感到十分抱歉，同時也借這個機會，誠心祈禱諸位得以安息。

在中國的這六年，對我的人生來說毫無疑問是很大的損失。我被監禁時還是50多歲，在監視居住期間裡迎來六十歲，回國時已經65歲了。當然，我對強制造成這結果的中國有所怨恨。但是在這六年間，我在獄中獲得各種寶貴經驗也是事實。

2023年3月，駐日美國大使館邀請我談論了監禁體驗。今後我也將會持續活動、述說這些事，積極應對媒體的採訪委託，如果政黨或國會議員邀請，我當然也願意說明。如果國會需要召集證人之類的，我都願意積極參與。

我想說的不只是中國的人權問題，還有公安調查廳中顯然有提供情報給中國的人，要是能成爲這類議題討論的契機，那我想我的經驗之後也能持續發揮作用吧。

政府應該讓國民可以安心在中國享受旅行和出差，另外也希望可以充分討論中國的實際情況，以及以「反間諜法」爲首、包含公安調查廳的間諜問題。日本政府不應只是隨意喊著要加強軍備，也應該加強外交力、交涉力來守護自家國民，政治家及外交官都應該有此意識。就像之前說過的那樣，習近平政權下的中國重視「國家安全」，祭出強調舉報間諜行爲的方針，今後恐怕也會有像我這樣的案例發生，政府應該如何對應這種情況呢？希望以不要再出現被監禁者爲目標努力，認眞思考。

我過去透過友好活動來處理中國問題，也在中國大學等地方教書，之後也會繼續面對中國問題。現在日本國內有很多中國相關的資訊，也有各種評論，但要說能透過這些來正確認識中國嘛，看起來各方面都還缺乏一些東西。用喜不喜歡中國或許可以簡單做出結論，但對日本來說，不管是歷史方面還是地理方面，都是跟中國切不開的，將來兩國對彼此也會是非常重要的存在，這也毋需多言。

而爲了長久共存，正確理解中國將十分重要。卽使討厭，也要謀求日本跟中國的共存。所以未來兩國要怎麼相處比較好呢？今後我也會透過在大學的課程及演講，努力在日本推廣對中國的正確認識。另外，中國國內的人權也是重要問題，也希望能透過這次經驗，談談中國的人權問題。

要寫下被監禁的六年，對當事人的我來說本來應該是非常繁重的工作，但是比我早歸國的人們避而不談中國的實情，我想能揭露這些事，讓未來不會出現跟我一樣的人，還有考慮到將來的中國人權問題，這些都相當重要，也是我的責任。

每日新聞電子版的編輯本部長（前政治部長）高塚保先生支持了我的提案，也總是在背後推著擔任企畫要角、卻寫得很慢的我不斷前進。我在此再次對他表示謝意。沒有高塚先生的話，這本書不可能出版。而本書出版之際，我也對接受我的任性、給予鞭策鼓勵並努力完成本書的每日新聞出版社的峯晴子小姐，由衷表示感謝。

2023年3月 **鈴木英司**

作者簡介：鈴木英司

1957年生於茨城縣。法政大學研究所碩士課程修畢。專攻中國政治外交。1983年接受中華全國青年聯合會邀請初次訪中，之後訪中超過200次。同年與中國代表性知日派張香山認識，友誼加深，1997年站上北京外國語大學教壇，2003年為止於中國四所大學任教，在日本創價大學擔任非常任講師。有許多從事外交相關工作的學生，在日中友好七團體之一的日中協會擔任理事，以及衆議院調查局特別調查員，前日中青年交流協會理事長。

2016年7月，因在中國從事間諜活動而被北京市國家安全局監禁，判處6年徒刑。2022年10月結束刑期，出獄回到日本。

著作有《中南海100天：秘錄‧日中關係正常化與周恩來》（日本‧三和書籍）。其他還擔任張香山著《管窺日中關係與見證》（同前）的翻譯、編輯，以及金熙德著《澈底檢證！日本式ODA非軍事外交的嘗試》（同前）的翻譯。

勁草生活 547

被中國拘禁的2279日：

親中派日本人被當成間諜，被逮捕、監視居住、審訊、監禁……的親身見證

中国拘束2279日
スパイにされた親中派日本人の記録

國家圖書館出版品預行編目(CIP)資料

被中國拘禁的2279日：親中派日本人被當成間諜,被逮捕、監視居住、審訊、監禁......的親身見證 / 鈴木英司著；張資敏譯. -- 初版. -- 臺中市：晨星出版有限公司, 2024.01
面； 公分. -- (勁草叢書；547)
譯自：中国拘束2279日：スパイにされた親中派日本人の記録
ISBN 978-626-320-676-2(平裝)

1.CST: 鈴木英司 2.CST: 回憶錄 3.CST: 羈押 4.CST: 人權 5.CST: 中日關係

783.18　　112017804

作　　者 鈴木英司
譯　　者 張資敏
編　　輯 許宸碩
校　　對 許宸碩
封面設計 初雨有限公司（ivy_design）
美術設計 初雨有限公司（ivy_design）

創 辦 人 陳銘民
發 行 所 晨星出版有限公司
407臺中市西屯區工業區三十路1號1樓
TEL：04-23595820　FAX：04-23550581
Email：service@morningstar.com.tw
https://www.morningstar.com.tw
行政院新聞局局版台業字第2500號
法律顧問 陳思成律師
初　　版 西元2024年1月1日　初版1刷

讀者專線 TEL：02-23672044／04-23595818#212
FAX：02-23635741／04-23595493
E-mail: service@morningstar.com.tw
網路書店 https://www.morningstar.com.tw
郵政劃撥 15060393（知己圖書股份有限公司）
印　　刷 上好印刷股份有限公司

定價　390 元
ISBN 978-626-320-676-2(平裝)

歡迎撰寫線上回函

CHŪGOKU KŌSOKU 2279-NICHI - SUPAI NI SARETA SHINCHŪ-HA NIHONJIN NO KIROKU
by Hideji Suzuki